なぜこれまでからこれからがわかるのか

デイヴィッド・ヒュームと哲学する

成田正人

青土社

なぜこれまでから　これからがわかるのか

目次

序章　デイヴィッド・ヒュームと哲学する　11
哲学のやり方　12
ヒュームの人生　20
ヒュームの研究　25
本書の構成　31
第1章　感じることと考えることは何が違うのか？——印象と観念の区別　35
印象と観念　36
記憶と想像　38
知覚の断絶　40
異なる感じ　43
現実の現前　46

第2章 経験と思考はどのような関係にあるのか？——印象と観念の関係 55
単純と複雑 56
第一原理 58
青の欠けた色合い 61
印象と観念の類似性 64
印象と観念の因果性 69
観念の関係と事実の問題 73
第3章 何かが可能であるとはどういうことか？——思考と経験の可能性 77
思考可能性の原理 78
可能性の観念 82
経験の可能性 85
印象の原因 89
印象と因果 96

第4章　私たちはどのように帰納しているのか？——帰納と因果　101
帰納の定式化　102
帰納と知覚　105
観念の連合　111
因果と帰納　115

第5章　どうして自然の歩みは変わらないのか？——自然の斉一性と一般化の正当性　123
帰納と信念　124
自然の斉一性と観念の関係　128
自然の斉一性と事実の問題　133
一般化の正当性　139

第6章　どのような帰納がどうして正しいのか？——帰納の認識論　147
認識論の問題　148
懐疑論的な解決と自然（本性）主義　153
精神の決定と因果的な必然性　157

正当な帰納の定義 165
真理の対応説と準実在論的解釈 171

第7章 過去と未来はどのように異なるのか？——経験への的中と帰納の向き 181
印象の経験 183
基準との対応と経験への的中 186
過去と未来の印象と観念 194
過去と未来の時間論 198
帰納の向き 206

第8章 どうして帰納は外れるのか？——帰納の形而上学 211
帰納を巡る二つの問題 213
世界の帰納的な存在構造 233
帰納と未来 256

あとがき　269
参考文献　i

なぜこれまでから　これからがわかるのか

デイヴィッド・ヒュームと哲学する

凡例

本書では、「自叙伝」以外のヒュームの著作には、以下のような略号を使用し、出典を明記します。邦訳のあるものは参照した訳書名を〔 〕で付記しますが、引用箇所の訳語は文脈に合わせて、表記や表現を変更しているので、訳文は筆者によるものになっています。

T：*A Treatise of Human Nature*, Volume 1. eds. David Fate Norton and Mary J. Norton. Clarendon Press. 2007.『人間本性論』と表記します。略号としてTを用い、巻・部・節・段落の数字を記します。〔『人性論』（一）－（四）巻、大槻春彦訳、岩波文庫、２００６年。『人間本性論 第一巻 知性について』木曾好能訳、法政大学出版局２０１１年。『人間本性論 第二巻 情念について』石川徹・中釜浩一・伊勢俊彦訳、法政大学出版局、２０１１年。『人間本性論 第三巻 道徳について』伊勢俊彦・石川徹・中釜浩一訳、法政大学出版局、２０１２年。〕

E：*An Enquiry concerning Human Understanding*. eds. Tom L. Beauchamp. Oxford: Oxford University Press, 2009.『人間知性研究』と表記します。略号としてEを用い、章（・部）・段落の数字を記します。〔「人間知性研究」『人間知性研究 付・人間本性論摘要』斎藤繁雄・一ノ瀬正樹訳、法政大学出版局２００９年。〕

A：'An Abstract of a Book Lately Published: Entitled, a Treatise of Human Nature, &c. Wherein the Chief Argument of that Book is farther Illustrated and Explained.' *A Treatise of Human Nature*, Volume 1. eds. David Fate Norton and Mary J. Norton. Oxford: Oxford University Press. 2007, 403-417.「人間本性論摘要」と表記します。略号としてAを用い、段落の番号を記します。〔「人間本性論摘要」『人間知性研究 付・人間本性論摘要』斎藤繁雄・一ノ瀬正樹訳、法政大学出版局、２００９年、２０１－２２６頁。〕

S：'Of the Standard of Taste.' *Selected Essays*. eds. Stephen Copley and Andrew Edgar. Oxford: Oxford University Press. 1998, 133-154.
「趣味の基準について」と表記します。略号としSを用い、段落の番号を記します。〔「趣味の基準について」『ヒューム道徳・政治・文学論集』田中敏弘訳、名古屋大学出版会、２０１１年、１９２-２０８頁。〕

引用文中の傍点は原文のイタリック体を示します。また、引用文中の〔 〕は引用者である筆者の補足です。訳語については、必要と思われるときには、（ ）の英語表記で原語を示します。地の文においては、筆者の強調を表すために傍点を使い、理解を容易にするために適宜「 」や（ ）を用います。なお、文章間に挿入される《 》は、どうしてもそこで言いたくなってしまった問いなので、無視して読み進められますが、気になる人は考えてみてください。

序章
デイヴィッド・ヒュームと哲学する

哲学のやり方

一八世紀のスコットランドにデイヴィッド・ヒューム（David Hume）という哲学者がいました。この本は彼の哲学への入門書です。とはいえ、この本を書くのは、筆者である私ですから、読者の皆さんは、私の哲学を通して、彼の哲学に入っていくことになります。そのため、この本を読んでも、彼の哲学の（標準的な解釈の）全貌が簡単にわかるわけではありません。あるいは、彼の哲学に入り込んだ私が、その中で新たな問いを抱いたり何らかの答えを考えたりするので、彼の哲学それ自体を捉えることは、むしろ難しくなっているかもしれません。だから、この意味では本書はけっして彼の哲学のわかり易い入門書ではありません。これが本書を「ヒューム入門」と名付けられなかった理由です。しかし、もちろん私たちはここから彼の哲学に入っていくことはできます。だから、この本はなお彼の哲学への「入り口」ではあるわけです。（実は本書のタイトルは当初『ヒューム哲学の入り口』にするつもりでした。）

さて、私自身は、彼の哲学に入ったまま、すっかり抜け出せなくなってしまいました。ですが、私はどれほど深く彼の懐に入り込めているでしょうか。いや、もしかしたら、私はまだ「入り口」

でうろうろしているのかもしれません。というのは、彼の哲学がすでに「入り口」で楽しく先に進めないからです。たとえば、彼の『人間本性論』の第一巻は、(この本でも主に参照していきますが、) 哲学的な刺激に溢れ、特に魅力的に映ります。当然そもそも哲学が嫌いな人にそれは何の価値もないでしょう。しかし、あなたが少しでも哲学に興味があるのなら、彼の哲学はきっとあなた自身に哲学を始めさせます。そこには彼の新奇な思考がたくさんあります。興味のない人はそれで終わりです。しかし、(この本を手にしているのだから、わずかでも) 哲学が気になるあなたは、そこに潜在する大切な問題に気が付いてしまうかもしれないし、もっと素朴な疑問をたくさんもってしまうかもしれません。すると、あなたはすでにあなた自身で哲学してしまっています。すなわち、哲学者に対して哲学の問いを抱いたら、もうあなたは哲学者なのです。おそらくヒュームの哲学にはそのような力があります。それは人に哲学させる力です。そんな彼の哲学の魅力をこの本でもできるだけ伝えたいと思っています。

もちろん私も彼の哲学で私自身の哲学をしているつもりです。しかし、私が専心したい哲学は、(たとえば経験とか帰納とか未来とかですが、) まさに彼の哲学の「入り口」にあるので、私はまだそこから離れられません。すると、私にはどうしても彼の哲学全体を整合的に眺望することができませんが、それでも、私は彼と共に哲学している、といえるでしょうか。なるほど、これから本書で私がしていくことは、いわゆるアカデミックな研究ではないかもしれません。そもそも、彼の哲学(の整合的な解釈)を研究することに、この本の狙いはありません。そうではなくて、むしろ私は、彼（と私）の嗜好する哲学そのものに、皆さんを誘惑してみたい。そして、皆さんにも哲学してもらいたい。そんな思いがこの本には込められています。

すると、もしかしたら、私はただ彼の哲学の「入り口」で遊んでいるようにしか見えないかもしれません。というのも、私はそこで、彼の哲学を好きに使って、むしろ私の問いを考えてしまっているからです。これではたしかにアカデミックな哲学にはなりません。とはいえ、そもそも哲学はアカデミックになされなければならないのでしょうか。まさに遊びのような哲学があってもよいのではないでしょうか。たとえば永井均は次のような提案をしています。

（…）哲学を志す若い人にちょっとした提案をしたい。先生筋の模範演奏からではなく、古典的名演奏から直接に何かを学び、しかし崇め奉るのではなく、それらを直接勝手に使って、自分自身の哲学をやったらどうか、ということである。たとえばプラトンやアリストテレスを「研究」するのではなく（かといって出来あいの無人称的な「哲学問題」を直接考えるのでもなく）、彼らの仕事を勝手に使って、そこから直接問題そのものを考えたらどうか。（永井 2004, 8）

実は、この言葉に後押しされて、私は今なおヒューム**と**哲学しています。（これが本書のサブタイトルを「デイヴィッド・ヒュームと哲学する」にした所以です。）すなわち、この本では、まさに、彼の哲学を自由に使って、私自身の「帰納の問題」を探っています。このように哲学をする人は(特にアカデミックな場では)たしかに少ないかもしれません。けれども、このようなやり方でなければ、おそらく私は哲学できませんでした。(とはいえ、このような哲学のやり方で博士論文まで書けたのは、他の誰でもなく永井先生が主査を引き受けてくださったからかもしれません。)あるいは、このようなやり方であれば、もっとたくさん哲学できる人がいるのではないでしょうか。

たしかに子どもには哲学の問いが(なぜか)自然と生じます。そして、そのまま自力で哲学ができる人は、まさに自分の問いを自分で哲学できるのだから、わざわざ他人の哲学を知って使う必要はありません。(というのは、他人の哲学だって原理的には自分で考えてしまえばよいからです。)また、そもそも、(他人の)哲学を知ることは、(自分の)哲学をすることではありません。たしかに、この本を読んでいただければ、(私の哲学を通して)ヒュームの哲学を少しは知ることになるでしょう。しかし、彼(と私)の哲学をどれほど知ろうと、それがそのまま自分の哲学をすることにはなりません。もしかしたら、彼(と私)の哲学はあなたの哲学の何の役にも立たないかもしれません。だから、もしも、あなたが自らの問いを自ら考える(ことを楽しめる)のなら、ぜひ、彼(と私)の哲学は好きに(使ったり放ったり)して、あなた自身の哲学をしてみてください。

とはいえ、まったくの独力で哲学できる人なんて実際にはいないかもしれません。たしかに私にも幼少期に哲学の問いは(なぜか)生じました。しかし、それが哲学の問いだとわかるには、そもそも、哲学が何なのかを、知らなくてはなりません。そのため、あなたの問いは、それが哲学の問いであるのなら、どこかで誰かの哲学ときっと繋がるはずです。さもなければ、どうしてそれが哲学の問いになるでしょうか。

私が幼少期に抱いた問いは、大学で『人間本性論』を読んだときに、（幸いにも？）ヒュームの哲学と繋がりました。（それ以前にも『人間本性論』の抄訳は読んだことはあったのですが、子どものときに抱いた問いは、なぜかそれ以前には呼び起されませんでした。）すなわち、そのときに、幼少期の私に生じた謎は、まさに「帰納の問題」である、と思えてしまったわけです。それから彼の哲学は私が「帰納の問題」を考えるのに欠かせなくなりました。とはいえ、もし仮に、彼と私の問い（への考え）がまったく同じなら、私はわざわざ自分で哲学する必要はないでしょう。しかし、そうでないこともまた彼の哲学（の研究）が教えてくれました。つまり、彼のしている哲学と私のしたい哲学は、まったく同じわけではない。だとすれば、私には私自身の哲学をする余地があるはずです。このことは彼の『人間本性論』との出会いから十余年後にやっとわかりました。したがって、やはり彼の哲学なしには私の哲学はありえません。

ところで、私が自ら哲学したい問いは、次のように言い表せます。すなわち、なぜ未来が経験から帰納されるのか、と。ここで、帰納とは、直接の経験から、経験を超える何かについて、何かを考えたり信じたりすることです（cf. 大森 2015, 421）。もちろん未来は経験を超えています。しかし、私たちはそれを考えることなしには生きていけません。たとえば、どうして私たちは夕飯の献立を昼から考えるのでしょうか。あるいは、どうして明日の学校の準備を今日しなければならないのでしょうか。たしかに今夜の夕食も明日の学校も実際の経験ではありません。にもかかわらず、私たちはそれらを先に考えてしまうわけです。なぜなら、そのときはきっと来るからです。とはいえ、そのときにやって来る夕食や学校が、（まだ無いのに、）どうして今の私たちにわかるのでしょうか。私たちは本当に未来を思い描いているのでしょうか。これから来る未来とは何なのでしょうか。

私には、子どもの頃からずっと、明日が来ることが、不思議でたまりませんでした。もちろん、これまで何度も明日は今日になってきました。しかし、明日にはまた本当の明日がやって来る。つまり、長い歴史の中で一度も今日になっていない、本当の明日がまた明日にはやって来る。このことに私は秘密めいた魅力と不安を感じるのです。とはいえ、これから来る明日に私たちは何ができるのでしょうか。もちろん、それは明日なのですから、今日それを経験することはできません。すると、今の私たちにできるのは、それを想像することだけでしょうか。そうかもしれませんが、未来はもちろん勝手な空想ではありません。私たちは勝手な空想に期待したり心配したりしません。なぜなら、それは現実的ではないからです。そうではなくて、これからの未来は、これまでの経験から、帰納的に想像される。未来について私たちが今できることは、おそらくこれだけです。とはいえ、なぜ私たちは経験から未来を帰納するのでしょうか。ここに集約される三つの謎を私は本書で哲学するつもりです。そうすることで、何が私の「帰納の問題」であるのかを、できるだけ浮かび上がらせたいからです。

まず、そもそも経験とは何なのでしょうか。どうして未来を帰納するのは経験なのでしょうか。

なるほど、帰納が推論であるのなら、帰納の前提にすべきは、たしかに経験であるかもしれません。ですが、経験それ自体の正しさは一体どこにあるのでしょうか。もちろん未来は、放逸的な空想でなく、帰納的な想像である（べき）でしょう。しかし、（妥当な）帰納でさえ、誤った経験に基づくなら、正しい未来を導くとはかぎりません。すると、正しい未来を（健全に）帰納するには、そもそも経験が正しくなければなりません。しかし、経験の正しさとは何なのでしょうか。

また、仮に経験が正しいとして、私たちはどのように（妥当に）帰納すればよいのでしょうか。私たちは、帰納するときに、経験している（個別的な）ことから、経験していない（個別的な）こと（を含む一般的なこと）へと進みます。しかし、そうした経験の内から外への飛躍に、（あるいは、個別的な経験から一般的な信念への飛躍に、）何か正当な理由はあるのでしょうか。これまでの経験に、これからの未来は、似ているのでしょうか。どうして、これまでがそうであると、これからもそうである（といえる）のでしょうか。

そして、未来（が現在）になるということは、どういうことなのでしょうか。そもそも、経験から帰納される未来は、今の私たちが考えるものであるので、今から本当に起こる未来そのものではありません。すると、結局のところ、未来それ自体は、私たちの経験とか帰納とは独立に、世界にやって来るのでしょうか。でも、そうだとしたら、私たちは一体どうしたら正しく帰納できるのでしょうか。それとも、私たちの帰納はどうしても外れうるのでしょうか。しかし、なぜ私たちの帰納は外れうるのでしょうか。そもそも未来とは何なのでしょうか。

これらの問いに私は一体どこまで切り込んでいけるのか、実は私自身よくわかっていません。しかし、この本で少しでも経験と帰納と未来の謎に迫っていければ、と思います。とはいえ、これら三つの謎についての問いを、私は一人で、思い付いたわけでもないし、考えていくわけでもありません。たとえば、経験の謎への問いは、経験論（者）への素朴な疑問です。もちろんヒュームは古典イギリス経験論者の一人と見なされます。また、帰納の謎への問いは、いわゆる「帰納の問題」に他なりません。そして、それを哲学史上もっとも決定的に論じたのは、もちろんヒュームであるでしょう。すると、もしかしたら、未来の謎への問いだけは、ヒュームに引き出されたのではないかもしれません。すなわち、それはむしろ幼少期の私に自然と生じた問いなのかもしれません。しかし、ここでは彼の哲学を使ってそれを考えます。すると、やはり私の哲学に彼がいないことはありえません。

かくして、私はここで、彼の哲学を使って、私の哲学をしていくことになります。もしかしたら、それではアカデミックな哲学（の研究）にならないかもしれません。しかし、哲学史上では誰もが、先哲を勝手に使って、自分の哲学をしているのではないでしょうか。たとえば、カント（Immanuel Kant）はヒュームの因果論を好きに使っていないでしょうか。あるいは、ヒューム自身だってデカルト（Rene Descartes）やバークリ（George Berkeley）を利用していないでしょうか。すると、永井の言うように、「（…）哲学の古典はこのように利用していいし、むしろそうすべき（…）」（永井 2004, 8）であるのかもしれません。また、そもそも哲学がアカデミックな研究である必要はありません。なぜなら、私たちは哲学で遊ぶことができるからです。よく言われるように、きっと哲学それ自体は他の何かの役には立ちません。にもかかわらず、哲学があり続けるのは、どうしてでしょうか。それは哲学が楽しいからかもしれません。何の役にも立たないのに、ただ楽しいだけでありうる。これはまさに遊びではないでしょうか。すなわち、哲学それ自体が遊びでありうる。それなら、そもそも哲学はもっと遊ばれるべきかもしれません。いや、むしろ遊びにしかできない哲学があるのかもしれません。

ヒュームの人生

ここでヒュームの生涯や著作にざっと目を通しておきましょう。なお、彼の生涯をもっとよく知りたい方には、泉谷周三郎（2014）『ヒューム』（清水書院）の15－65頁、および、中才敏郎（2016）『ヒュームの人と思想――宗教と哲学の間で』（和泉書院）の1－41頁を一読することをお奨めします。また、ヒューム自身の「自叙伝」が（2011）『奇跡論・迷信論・自殺論――ヒューム論集Ⅲ』（福鎌忠恕・斎藤繁雄訳、法政大学出版局）140－152頁に所収されています。ここでの描写もそれらを大いに参考にしています。

ヒュームは一七一一年四月二六日にスコットランドのエディンバラで生まれました。彼の父ジョゼフは、ナインウェルズに小さな領地をもつジェントリで、冬季にはエディンバラで弁護士を開業していましたが、一七一三年に急死しました。そのため、母のキャサリンによって彼は兄と姉と共にナインウェルズで育てられました。

彼は一二歳でエディンバラ大学に入学しました。そこでは、ギリシア語やラテン語（の古典）に加え、論理学や形而上学や倫理学も学びましたが、特に強い感銘を受けたのは、ロック（John Locke）やニュートン（Isaac Newton）の自然哲学であったようです。また、彼は、一七二五年頃まで大学に通いますが、この間に宗教への信仰を失ったと思われます。翌年ナインウェルズに戻った彼は、家族の期待から法律家を志しますが、法律の勉強に身が入りませんでした。というのも、彼は、大学時代からずっと哲学や文学に惹かれていて、この頃にはキケロ（Marcus Tullius Cicero）などを好んで読んでいたからです。

一七二九年の春にヒュームは（おそらくは因果について）新たな思想の情景が開かれる体験をしたそうです。この頃から彼は、（哲）学者になることを望み、自らの思考に専心していました。しかし、研究に熱中し過ぎた結果、心身の健康を損ねてしまいます。彼は、規則正しい生活と療養を続け、二〇歳になる頃には、働けるくらいには回復しましたが、精神の健康は完治しなかったので、さらに活動的な生活をするために、一七三四年にブリストルの貿易商で働き始めます。しかし、雇用主の英語を正そうとして、数カ月で解雇されます。

彼は、商売に不向きなことがわかって、文筆で身を立てることにしました。そして、自身の研究を遂行するため、フランスに移住します。そこでは、パリやランスに滞在し、ロックやバークリを熟読していたようです。また、一七三五年には、ラフレーシュに移り住み、デカルトやマルブランシュ（Nicolas de Malebranche）を読みました。そこにはデカルトが学んだイエズス会の学院がありました。彼は、学院の図書館に通い、神父たちと親しく交流しました。（修道院の奇跡についての彼らとの議論は、後に「奇跡について」に取り入れられました。）そこで一七三七年まで『人間本性論』の執筆に専心しましたが、秋にそれ（の第一巻と第二巻）を書き上げると、出版社を探すためロンドンに戻りました。

一七三九年に『人間本性論』の第一巻と第二巻が（当時の慣例に倣い）匿名で出版されました。しかし、ヒューム自身が期待した反響は起こりません。そこで、彼は、それを解説（し宣伝）するため、「人間本性論摘要」を一七四〇年に匿名で書きました。また、同じ年に「付録」と共に出版した『人間本性論』第三巻も、――ハチスン（Francis Hutcheson）にも草稿を送りましたが、――評価は得られませんでした。彼はナインウェルズに戻りました。

ヒュームは、たしかに落ち込みましたが、すぐに新たな執筆に取り掛かりました。『人間本性論』の失敗は書き方にある、と思ったからです。彼は様式や筆致を改め一七四一年に『道徳政治論集』の第一巻を出版しました。これが好評を博し（翌年に第二巻も出版され）たので、彼は自信を取り戻しました。

一七四四年にはエディンバラ大学の道徳哲学の教授候補になりました。しかし、『人間本性論』

が懐疑論や無神論と見られると、当時の宗教的な見地から、(ハチスンを含む)多数の関係者に反対され、——誤解を晴らすために「ある紳士からエディンバラの友人への手紙」も書きましたが、——結局は大学教授になり損ねました。このとき彼はロンドンにいました。『道徳政治論集』を気に入ったアナンデイル侯爵に家庭教師を依頼されたからです。なお、一七四五年には母キャサリンが亡くなっています。

一七四六年四月に(精神を病む)アナンデイル侯爵に彼は解雇されます。その後も少しロンドンに滞在しましたが、五月に遠縁にあたるセント・クレア将軍からカナダ遠征への随行を誘われます。また、翌年にはウィーンとトリノへ赴く将軍の軍事施設団に副官として同行します。この頃は主にモンテスキュー(Charles-Louis de Montesquieu)の『法の精神』を読んでいたようです。一七四八年には(『人間本性論』の第一巻を読み易く書き直した)『人間知性研究』が出版されました。

ヒュームは、一七四九年にナインウェルズに戻って、二年ほど執筆に専念します。(『人間本性論』の第三巻を書き改めた)『道徳原理研究』や『自然宗教に関する対話』が書かれたのはこの頃です。(『自然宗教に関する対話』は死後出版ですが、)『道徳原理研究』は一七五一年に出版されました。また、一七五一年三月には、兄が結婚したので、姉と共にエディンバラに移り住みました。一七五一年一一月には、(アダム・スミス(Adam Smith)が担当していた)グラスゴー大学の論理学の教授になる機会を得ました。しかし、前回と同様に(特に保守派の聖職者から)懐疑論者や無神論者と見なされ、大学の教授になる機会は再び失われました。

一七五二年には（『人間本性論』の第四巻として計画していた）『政治論集』が出版されました。これは初版で成功しフランス語やドイツ語にも翻訳されました。また、二月にはエディンバラ法曹協会の図書館長に選ばれました。そこでヒュームは図書館の蔵書を利用し『イングランド史』を執筆し始めました。なお、一七五三年には『人間本性論』を除く著作を集めた『著作集』が刊行され、一七五六年までに全四巻が出版されました。『イングランド史』の第一巻は一七五四年に出版されました。『イングランド史』は、一七六二年までに全六巻が出版されましたが、（様々な非難を浴びながらも、）大衆によく読まれ、彼の歴史家としての名声を高めました。

一七五七年には（『人間本性論』の第五巻として計画していた「悲劇について」と「趣味の基準について」を含む）『四論考』が出版されました。また、この年には図書館長を辞していたので、『イングランド史』の資料を集めるため、一七五八年にロンドンに移りました。なお、一七五七年にはトマス・リード（Thomas Reid）らを中心に（後にヒューム批判の拠点となる）アバディーン哲学会が設立されました。ヒュームは、一七五九年にナインウェルズを経てエディンバラに帰りますが、一七六一年に再びロンドンに戻ります。しかし、一七六二年には（姉と共に）エディンバラに居を構えました。

一七六三年に、英仏七年戦争が終わると、ヒュームは駐仏英国大使の私設秘書としてパリに渡ります。パリでは、歓待を受け、サロンを享受したようです。また、たとえばディドロ（Denis Diderot）のような、いわゆる百科全書派の人々にも出会いました。そして、一七六五年には、ルソー（Jean-

Jacques Rousseau）とパリで会見します。翌年一月には、ジュネーブ（やスイス）を追われたルソーを亡命させるため、共にロンドンへ戻りました。二人とも初めは互いに惹かれ合っていました。しかし、ルソーは徐々に（被害妄想的に？）ヒュームへの猜疑心を高めていきました。ヒュームは一七六六年八月にルソーから絶交を宣言されました。

一七六七年からはコンウェイ将軍についてロンドンで国務次官を務めました。翌年その任を解かれると、しばらくロンドンに滞在した後、ヒュームは一七六九年の八月にエディンバラに隠棲しました。この頃の彼は、裕福になっていて、平穏に暮らしていました。また、一七七一年にはエディンバラの新市街に家を新築し、そこで読書と交友を楽しんでいたようです。しかし、一七七二年には身体の不調を感じ始め、一七七五年には高熱と下痢と出血の症状も現れました。死期が近いことを悟ったヒュームは一七七六年四月に「自叙伝」を書きました。また、『自然宗教に関する対話』の出版を、（最初はアダム・スミスに、最後に）甥に託しました。そして、同年八月二五日の午後四時に（死後への希望も恐怖もなく）安らかに永眠しました。

ヒュームの研究

ヒューム（の『人間本性論』）が私の「帰納の問題」を呼び覚ましたのは間違いありません。また、(彼自身の関心がどうであれ、) いわゆる「帰納の問題」を彼が哲学史上もっとも決定的に論じたのは明らかです。だから、彼の哲学は私が哲学する力になります。

とはいえ、本書では、(むろん整合的な解釈を心がけますが、) 彼の哲学の体系的な解釈研究には深く踏み込みません。というのは、ヒューム本人の業績が余りにも多岐に渡っているからです。すなわち、それらすべてを、整合的に解釈し、一つの体系にまとめることは、明らかに私の手に余ります。しかし、それは私の手に余るだけで、もちろん日本語で彼の全体像を学べる解説書もあります。たとえば、杖下隆英 (2004)『ヒューム』(勁草書房) は、その一例です。また、中才敏郎編 (2011)『ヒューム読本』(法政大学出版局) は、複数の執筆者が異なる主題でヒュームを論じているので、やはりヒューム (研究) の全体像を捉えるのに役立ちます。なお、同書の277－301頁には (ヒューム自身の著作と) 代表的なヒュームの研究書が詳しく紹介されているので、ここで多くの文献を挙げることは控えます。

さて、もっとも有名な彼の業績は、因果 (推論) についての形而上学 (ないし認識論) でしょう。というのも、彼以前には誰一人として原因と結果の必然的な関係に問いを投げかけられなかったからです。しかし、彼が論じる形而上学 (ないし認識論) の主題には、因果 (の信念) だけでなく、外界 (の信念) や人格 (の信念) も含まれます。これらの因果論や物体論や自我論の理解を深めたい方には、神野慧一郎 (2014)『ヒューム研究』(ミネルヴァ書房) が、(本格的な研究書ですが、) うってつけの名著です。また、彼の因果論に特に興味がある方には、萬屋博喜 (2018)『ヒューム因果と自然』（勁草書房）がよいかもしれません。彼の因果論を丁寧に研究する好著です。

もちろん彼の形而上学（ないし認識論）はさらに広い射程をもちます。『人間本性論』では、因果論（と外界論と自我論）の前に、空間と時間が論じられますが、彼の空間論と時間論には、さらに（印象と観念の）知覚論が先立つからです。すると、彼の形而上学（ないし認識論）には空間論と時間論も含まれます。そして、様々な彼の諸論を根底で支えるのは、もちろん彼の知覚論です。彼の知覚論は印象と観念の二つの知覚から成ります。つまり、それは経験論的な知覚論です。ですから、彼の形而上学（ないし認識論）の根幹に経験論があることは明らかです。すなわち、――たとえば、豊川祥隆（2017）『ヒューム哲学の方法論――印象と人間本性をめぐる問題系』（ナカニシヤ出版）は、印象それ自体の解釈にこだわった面白い本ですが、――ヒュームはいわゆる古典イギリス経験論者の一人なのです。

まだ彼の業績は尽きません。彼の『人間本性論』は、（第二巻の情念論を介して、）第三巻で道徳論を描き出します。すると、『人間本性論』全体を統一的に読み解くには、彼の形而上学（ないし認識論）と彼の（情念論および）道徳論を体系的に結び付けなければなりません。たとえば、矢嶋直規（2012）『ヒュームの一般的観点――人間に固有自然と道徳』（勁草書房）は、『人間本性論』全三巻を統一的な道徳論として読み解いています。あるいは、ケンプ・スミス（Norman Kemp Smith）が言うように、そもそも、「ヒュームが哲学に入ったのは、道徳という門を通ってだった」（Kemp Smith 2005, vi）のかもしれません。すなわち、『人間本性論』全体の着想には、そもそも彼の道徳（感情）

論が先行するのかもしれません。しかし、本書ではもちろん彼の道徳論の検討には立ち入りません。だから、——たとえば、林誓雄（2015）『襤褸を纏った徳——ヒューム 社交と時間の倫理』（京都大学学術出版会）は、それを徳倫理学の系譜に置きますが、——それが一体どのような道徳論なのか、実は私にはよくわかっていません。

そのうえ、彼の著作には、宗教論や歴史論はもちろん、さらに美学論や政治論まで含まれます。すると、彼の業績を体系的にまとめ上げることは、ますます私の手に負えません。たしかに、彼の業績の全体像を正しく描くには、彼の異なる分野の業績を横断的に研究する必要があるかもしれません。しかし、私が本書で志すのは、彼の全体像の描写でなく、私の「帰納の問題」の論述です。だから、ここでは彼にはあくまでも私の力になってもらいます。私は彼の哲学を使いたいのですが、私がしたいのは私の哲学であるからです。

また、ヒュームの哲学史上の位置付けも相当に複雑であるでしょう。もちろん彼はしばしば古典イギリス経験論者の一人としてロックとバークリの後に置かれます。しかし、ヒュームの哲学は、ロックやバークリだけでなく、（いわゆる大陸合理論者の）デカルトやマルブランシュにも繋がるので、ヒュームへの彼らの影響を軽んじるべきではありません（cf. 神野 2014, 9）。あるいは、ヒュームにはライプニッツ（Gottfried W. Leibniz）の影響もあります。たとえば、「人間本性論摘要」で言われるように（A4）、彼は明らかにライプニッツの（因果推論の）蓋然性の問題を引き受けています。

もちろんヒュームの哲学は後進たちを大いに刺激しました。よく知られているように、カントを

「独断論の微睡から目覚めさせた」(カント 1977, 19-20) のは、ヒュームの因果論でした。また、二〇世紀には、彼の因果論はラッセル (Bertrand Russell) やルイス (David Lewis) に影響を与えました。そして、現代では、因果性の哲学それ自体の礎に、彼の因果論はなっているわけです。さらに、彼の論じる「帰納の問題」は、科学哲学に波紋を広げました。たとえば、ポパー (Karl R. Popper) は、彼を介して「帰納の問題」に取り組み (cf. ポパー 1980, 71)、新しい (反証主義的な) 科学像を描き出しました。そして、さらに近年では、メイヤスー (Quentin Meillassoux) が、自らの思弁的実在論を展開するため、彼の因果論と「帰納の問題」を援用しています。

こうして、彼自身の業績の多様性と、他の哲学者との複雑な関係性が、彼の哲学の解釈研究を困難にします。なるほど、彼の (因果論を中心とする) 哲学の解釈は、たしかに大きく二つに分けられるかもしれません。まず、伝統的なリードやビーティ (James Beattie) の解釈によれば、ヒュームは懐疑論者と見なされます (cf. 神野 2014, 4)。実際に長く彼は懐疑論者と見なされてきました。たとえば、一八八〇年代にグリーン (Thomas H. Green) とグロウス (Thomas H. Grose) が彼の哲学著作集を編集したとき、彼らはやはりヒュームを懐疑論者と見ていたようです (cf. ibid. 4-5)。ですが、ケンプ・スミスが彼の自然 (本性) 主義に注目して以来 (Kemp Smith 1995, 208-213; cf. 神野 2014, 5)、彼はしばしば自然 (本性) 主義者と見なされます。たとえば、ストローソン (Peter F. Strawson) は懐疑論の解決に即してヒュームの自然 (本性) 主義に注目しています (Strawson 2004, 8-16; cf. 久米 2000, 12)。また、フォグリン (Robert Fogelin) は、ウィトゲンシュタイン (Ludwig Wittenstein) が『哲学探究』の４７２節と473節でヒュームの自然（本性）主義に同調することを指摘しています（Fogeline 2003, 131-132）。これら二つの見解（の対立）は今なお彼の解釈研究の課題となっています。もちろん、もしかしたら、「(…)ヒュームの懐疑主義と自然主義の意図は調和させられる(…)」（Russell 2008, 7）かもしれません（cf. 中才・坂本・一ノ瀬・犬塚 2011, 27）。たとえば、澤田和範（2021）『ヒュームの自然主義と懐疑主義――統合的解釈の試み』（勁草書房）は、まさに対立する二つの見解の統合を試みています。

しかしながら、さらに彼（の因果論）は実在論的に解釈されることもあります（cf. ibid. 25）。というのは、いわゆる「ニュー・ヒューミアン」と呼ばれる研究者たちによれば、ヒュームは因果（および外界）についての（懐疑論的な）実在論者であるからです（cf. Richman 2007, 1）。たとえば、ライト（John P. Wright）は、彼の因果論は、「(…)われわれの実際の原因と結果の観念が適切であることを否定する点では、懐疑論的であるが、われわれが自然と信じる未知の必然的な結合の存在を措定する点では、実在論的である」（Wright 2009, xi）、と述べています。すると、彼の立場のもっとも適切な表現は、懐疑論的な実在論となるわけです（cf. ibid. xv）。また、彼の因果論だけに注目するのなら、それは、還元主義（的な規則性説）と見なされたり、情緒主義（的な投影説）と見なされたりします（cf. Coventry 2007, 119-123; 矢嶋 2012, 142.）。あるいは、彼の因果論（および外界論）は、彼の道徳論（および美学論）と共に、準実在論的に解釈されるかもしれません（cf. Coventry 2008, 115-139）。

さて、こんなにも入り組んだ先行研究をうまく汲み取る余裕は本書にはありません。あるいは、そのような力がそもそも私にはありません。にもかかわらず、私がヒュームと共に哲学したいのは、公的なことを言えば、やはり彼こそが「帰納の問題」を論じた哲学者だからですが、私的なことを言えば、ようは彼の哲学が私の肌に合って好きだからです。

本書の構成

最後に本書の構成を見ておきます。まず、経験と帰納と未来が、ここで私が探求したい三つの謎です。そして、それら三つの謎に迫りながら、何が「帰納の問題」になるのかを解き明かすことが、この本が目指すところです。そのために、第1章から第3章までと、第4章から第6章までで、それぞれ経験と帰納について考察し、第7章と第8章で未来について探求します。

第1章「感じることと考えることは何が違うのか?」では、ヒュームの知覚論を概観します。私たち(の心)に現れる知覚を彼はどのように区分するのでしょうか。たとえば、彼によれば、私たちの知覚は大きく印象と観念に二分されます。しかし、それらを分ける活気(の程度)とは、何なのでしょうか。印象が生き生きしているということは、一体どういうことなのでしょうか。もし印象が経験(されること)であるのなら、ここで私たちは経験の謎に切り込めるかもしれません。なお、本章の議論は、拙論(成田 2014, 223-242)を利用し、それに加筆と修正を加えたものです。

第2章「経験と思考はどのような関係にあるのか?」では、彼の「第一原理」と「青の欠けた色合い」を検討します。「青の欠けた色合い」は彼の「第一原理」の反例と言われます。しかし、それは一体どのような反例なのでしょうか。いや、そもそも彼の「第一原理」とはどのような原理なのでしょうか。これらを考えることで、そこに彼の経験論が浮かび上がるでしょう。また、本章の最後には彼の「観念の関係」と「事実の問題」の二分法も見ておきます。なお、この章の議論は、拙論（成田 2015, 27-41）を利用し、それに加筆と修正を加えたものです。

第3章「何かが可能であるとはどういうことか？」では、彼の「思考可能性の原理」から、可能性の観念と印象の可能性について考察します。たとえば彼の因果論には明らかに「思考可能性」が使われています。しかし、そもそも、何かが可能であるということは、どういうことなのでしょうか。観念の思考が可能でないことは、本当に可能でないのでしょうか。また、どうして印象の経験は可能なのでしょうか。

第4章「私たちはどのように帰納しているのか？」からは、帰納の謎に迫っていきます。そのために、まずは帰納を二通りに定式化しておきます。というのも、帰納（的な信念）には個別的なものと一般的なものがあるからです。また、帰納の構造をヒュームの知覚論から捉え直します。そうすることで、彼の論じる「帰納の問題」の理解がさらに深まるでしょう。最後に彼の因果論を見ておきます。そして、因果と帰納の関係を考えます。

第5章「どうして自然の歩みは変わらないのか？」では、ヒューム自身の「帰納の問題」を取り上げます。ここでは、特に「自然の斉一性」に注目し、それがどのような信念であるのかを吟味していきます。また、最後には、一般化の正当性が「帰納の問題」になることを、確認しておきます。もちろん標準的な解釈ではこれが「帰納の問題」です。すなわち、いわゆる「帰納の問題」とは一般化の正当性の問題であるのです。

第6章「どのような帰納がどうして正しいのか?」では、帰納的な一般化の正当性の問題を整理し直し、それに対する懐疑論的な解決を試みます。また、ヒュームの自然(本性)主義(と「自然的な関係」)に倣って、自然(本性)的な帰納を探ってみます。すると、もしかしたら、そこから正しい帰納(的な信念)が定義できるかもしれません。さらに、本章の最後には、彼の因果論(など)の準実在論的な解釈を検討します。

第7章「過去と未来はどのように異なるのか?」からは、私の「帰納の問題」を探っていきます。そのために、再び印象の経験に焦点が当てられます。なぜなら、私たちの帰納(的な信念)は、印象の経験への的中いかんで、当たったり外れたりするからです。とはいえ、私たちは(もう)過去の印象は経験できません。すると、いわば未来向きの帰納(的な信念)にしか、印象への的中は問われません。こうして私たちは未来の謎に近づいていきます。

第8章「どうして帰納は外れるのか?」には、互いに絡み合った二つの目標があります。一つ目は、できるだけ鮮やかに私の「帰納の問題」を描き出すことです。そのために、本章の初めで、(少し多めに紙幅を割いて、)一般化の正当性の問題と未来の経験の問題を(しつこく)峻別します。とはいえ、未来の経験がどうして「帰納の問題」になるのでしょうか。これを論じるために、ここでは、メイヤスーのヒューム解釈も使って、世界それ自体の「帰納の問題」を考えてみます。二つ目の目標は、できるだけ深く未来の謎に切り込むことです。そのために、(もちろんこれは前章から狙っていることですが、)さらに最後に帰納と未来について探ってみます。

第1章

感じることと考えることは何が違うのか？

——印象と観念の区別

私たち（の心）には何が現れているでしょうか。もちろん具体的な内容は人によって異なるかもしれません。しかし、それがどんな内容であれ、そこには何らかの感じ（feeling）か考え（thinking）しか現れないのではないでしょうか。それ以外の何かは少なくとも私（の心）には生じたことがありません。とはいえ、どうして私たちは感じることと考えることを分けられるのでしょうか。感じることと考えることは何が異なるのでしょうか。本章では、まずは、私たち（の心）に現れることがヒュームによってどのように分別されるのかを見ていきます。また、それらを分けるための目印となる活気（vivacity）ないし生気（liveliness）とは何なのかを考えてみます。というのも、彼の論じる「帰納の問題」は彼の（経験論的な）知覚論に基づいているからです。

印象と観念

まず、ヒュームは、私たち（の精神）に現れるすべてを知覚と呼び、それが心に働きかける勢い（force）や生気の程度の違いによって、知覚を印象（impression）と観念（idea）に二分します（T 1.1.1.1）。

つまり、感覚や情動のような印象はもっとも強く心を打つけれど、その表象である観念は思考や推論において勢いなく現れます（ibid.）。もちろん印象でも観念でもない何かが私たち（の心）に現れることはありません（T 1.2.6.8）。私たちが感じたり考えたりすることは必ず印象か観念のどちらかでなければなりません。

とはいえ、どちらか「一方には見いだせるが、他方には見いだせないような事柄は何もない」（T 1.1.1.3）でしょう。印象と観念は「それらの勢いや活気の程度の相違によってのみ互いに異なる」（T 1.3.7.5）からです。そのため、印象と観念はどちらも同じ対象や性質を示せるのでなければなりません。たとえば、「暗闇で私たちが心に抱く赤の観念と、日向で私たちの目に入る赤の印象は、ただ〔活気の〕程度においてのみ異なり、〔赤の〕性質においては異ならない」（T 1.1.1.5）ことになります。すなわち、それらの知覚はどちらも同じ赤を共有しているわけです。

もし仮に、暗闇で考える赤の観念が「ぼんやりした赤」であるのに、日向で見える赤の印象が「はっきりした赤」であるのなら、それら二つの知覚は、異なる内容を有するという意味で、互いに異なるでしょう。しかし、このような意味で印象と観念は区別されるわけではありません。そうではなくて、――カントの「現実の百ターレル」と「可能な百ターレル」の差異が（事象）内容の差異として表現されないように（カント 2001, 266）、――印象と観念の（活気の程度の）差異は内容に表れるものではありません。「ほんやりした赤」の観念があるなら、「ぼんやりした赤」の印象もあります。「はっきりした赤」の印象があるなら、「はっきりした赤」の観念もあります。印象と観念は同じ内容を共有することができなければなりません。「特定の色合いは、他のいかなる変化もなしに、新たな程度の生気（…）を獲得することができる。しかし、それ以外の変化を産み出せは、それはもはや同じ色合いの色ではなくなる」（T 1.3.7.5）わけです。だから、同じ内容を共有する印象と観念は、活気の程度だけが互いに異なるのです。

記憶と想像

かくして、私たちが感じたり考えたりすること、すなわち私たちの知覚は、（内容の相違ではなく、）活気の程度の相違から、印象と観念に区分されますが、ヒュームはそれらをさらに二分します。つまり、前者は感覚（sensation）の印象と反省（reflection）の印象に分けられ（T 1.1.2.1）、後者は記憶（memory）の観念と想像（imagination）の観念に分けられます（T 1.1.3.1）。

とはいえ、感覚の印象と反省の印象を区分するのは、活気の程度の相違ではありません。なぜなら、反省の印象とは情動や情念に他ならないからです（T 1.1.2.1; T 2.1.1.1）。つまり、ヒュームはもっとも生き生きした知覚を「印象」と名付けましたが、その「印象」の名の下には、愛憎や悲喜のような情動や情念も含まれます（T 2.1.1.3）。だから、感覚の印象と反省の印象の間に、活気の程度の相違はありません。感覚と感情はどちらももっとも生き生きとした印象なのです。

しかし、観念を記憶と想像に二分するのは、やはりそれらの活気の程度の相違です。「記憶の観念は、想像の観念よりずっと生き生きと力強く、（…）鮮やかに対象を描き出す」（T 1.1.3.1）からです。

たしかに、それらの間には、記憶は元の対象の秩序や形態で観念を保ちうるが、想像は元の秩序や形態の拘束から自由に観念を変えうる、という違いもあるかもしれません（T 1.1.3.2-4）。けれども、この違いから記憶と想像を区別することはできません。なぜなら、「現在の観念と比べて、その配列が正確に類似するかどうかを見るために、過去の印象を呼び戻すことは不可能である」（T 1.3.5.3）からです。すると、それらを互いに区別するのはやはり「記憶の優れた勢いと活気」（T 1.3.5.3）であることになります。

そのため、想像の観念は印象や記憶の観念より活気の程度が劣ることになりますが、ヒュームによれば、想像の観念にも生き生きとしたものがあります。つまり、印象（や記憶）との因果関係（causation）から想像される活気ある観念は、ペガサスやドラゴンのような空想（fancy）と区別され（T 1.1.3.4）、信念（belief）と見なされます（T 1.3.7.5; T 1.3.8.6）。たしかに、私たちが信じることは、印象と記憶を除けば、すべて想像の観念にすぎません。しかし、信念の観念は、「習慣（custom）あるいは原因と結果の関係から生じる勢いや定まった秩序によって、他の想像の産物にすぎない〔空想の〕観念と違って際立つ」（T 1.3.9.4）わけです。

かくして、印象と観念だけでなく、記憶と想像や、信念と空想もまた、それぞれの活気の程度によって互いに区別されます。そして、それぞれの活気の程度の強弱に従えば、それら四つの知覚は先の図のように並べられます（cf. 伊佐敷 2009, 35）。

とはいえ、そもそも各知覚を分ける活気（の程度）とは何なのでしょうか。あるいは、ヒュームは「活気」ということで何を示そうとしているのでしょうか。

知覚の断絶

初めに昔からある誤解を解消しておきましょう。すなわち、四つの知覚の活気の程度は、絶え間なく連続し、徐々に増えたり減ったりするわけではありません。たしかに、①印象、②記憶、③信念、④空想はそれぞれの活気の程度から先のように並べられます。しかし、たとえば、（ヒュームと同時代の）リードが誤解したように、四つの知覚は、徐々に活気の程度を変えながら、互いの間のあらゆる可能な程度を通って、他の知覚になるわけではありません（Reid 2012, 200-201）。なぜなら、それらの知覚の（活気の程度の）間には断絶があるからです。

たとえば、印象と観念の活気の程度は、たしかに互いに大いに近づくことはあるでしょうが（T 1.1.1.1）、けっして等しくなることはないはずです。なぜなら、私たちは「誰でも容易に感じること（feeling）と考えること（thinking）の相違を自ら知覚しうる」（T 1.1.1.1）からです。つまり、ヒュームによれば、印象とは感じるものであるが、観念とは考えるものである。だから、記憶や想像の観念が、印象と区別できなくなるほどに、活気の程度を高めることはありえません（E 2.1）。もちろん印象と観念は同じ（事象）内容を共有しうるのでなければなりません。たとえば、あなたが歯科医に歯痛を伝えるとき、あなたはあなたが感じている歯痛と同じ歯痛を考えなければなりません。（あるいは、きっと歯科医さえあなたが感じている歯痛と同じ歯痛を考えなければなりません。）しかし、あなたが考える歯痛はまったく痛く感じません。（どんなに優れた歯科医でもあなたの歯痛は感じられません。）なぜなら、考えることは感じることでなく、感じることは考えることでないからです。こうした感じることと考えることの差異は活気の程度の増減で徐々に無くなるものではありません。印象と観念（の活気の程度）の間には埋められない断絶があります。つまり、感じることと考えることの差異によって、印象と観念（の活気の程度）は互いに断絶しているわけです。

あるいは、また記憶と想像（の活気の程度）の間にも断絶があるはずです。もちろん記憶と想像も同じ（事象）内容を共有することができます（T 1.3.5.5）。たとえば、最初は空想と思われた観念でも、事の真相を知る人から「（…）記憶に触れる事柄が言及されると、まったく同じ観念が（…）今度は新たな光のもとに現れ、いわばそれまでとは異なる感じを伴う」（T 1.3.5.4）ことがあります。

しかし、このときに、空想の観念が、徐々に活気の程度を増やし、信念ほどの活気の程度を経てから、記憶の観念になるわけではありません。そうではなくて、そのとき想像の観念は「直ちに記憶の観念になる」（ibid. 強調傍点引用者）のです。だとすれば、記憶と想像（の間で活気の程度）が絶え間なく続くわけではないでしょう。《とはいえ、なぜ私たちは記憶と想像を区別できるのでしょうか？》

さらに、信念と空想（の活気の程度）でさえ互いに分断されている、といえます。なぜなら、空想の観念は、信念の蓋然性（probability）がもっとも低いときでさえ、信念の観念と「同じ感じをけっしてもたない」（T 1.3.10.10）からです。たしかに信念それ自体の活気は連続するかもしれません。というのも、私たちの信念（の活気）には「〔弱い〕蓋然性から〔強い〕立証（proof）への段階的な移行」（T 1.3.12.2）があるからです。しかし、信念の活気の程度はそれが信念でなくなるほどに増減を続けるわけではありません。つまり、そのような「段階的な移行」は信念に伴いうる活気の程度の範囲内でしか起こりません。だから、信念の観念は、活気の程度を（増やし続けても、記憶の観念にはならないし、）減らし続けても、空想の観念にはなりません。

以上から、①印象、②記憶、③信念、④空想（の活気の程度）は互いに絶え間なく連続するわけではない、と考えられます。もちろん、それら四つの知覚はどれも活気（の程度）という同じ物差しの上に並べられます。なぜなら、それらを互いに分けるのは、同じ活気の異なる程度に他ならないからです。そのため、どの知覚も、同じ内容を保ったまま、他の知覚になることができます。たとえば、今あなたの目の前に広がる風景の印象は、いずれ記憶の観念として思い出されるかもしれません。あるいは、あなたはそれ（の一部）を使った観念を想像するかもしれません。しかし、このときに、活気の程度を連続的に変えながら、徐々に他の知覚になっていくわけではありません。というのも、各知覚（の活気の程度）の間には、活気の程度を増減し続けるだけでは、埋め尽くせない断絶があるからです。だから、たとえば、私たちの印象が徐々に記憶になっていくわけではありません。そうではなくて、記憶は私たち（の心）に直に与えられます。あるいは、信念の活気がどれほど強くなろうと、想像が記憶になるわけではありません。想像と記憶の間隙は徐々に埋められるものではありません。だから、想像が同じ内容のまま記憶になるには、それを一気に飛び越えるように、新たな活気の程度が直ちに与えられなければなりません。

異なる感じ

しかし、それら四つの知覚の間に活気の程度の増減で充足されない間隙があるのなら、本当に活気の程度だけがそれらを互いに区分するのでしょうか。つまり、それら四つの知覚には、（もちろん活気の程度はそれぞれ異なるが、さらに）それぞれを分断する何らかの差異があるのではないでしょうか。このことについてヒューム自身は『人間本性論』第三巻に付された「付録」で述べています。そこには、「(…) 活気の名の下には正しく理解されない他の違いが〔印象と各〕観念の間にある」(T App.22)、と書かれています。つまり、彼の自省によれば、同じ内容を有する知覚は、「(…) それらの異なる (…) 活気の程度によってのみ異なりうる」(ibid.) というよりは、「(…) それらの異なる感じによってのみ異なりうる」(ibid.) というなら、「(…) より真理に近かったはずなのである」(ibid.)。

なるほど、それら四つの知覚にそれぞれ固有の感じがあるのなら、それらの間には活気の程度で埋められない間隙があることになります。しかし、それぞれに固有の感じで区分される知覚はもはや同じ物差しの上に乗りません。だとすれば、同じ内容の記憶と想像は「(…) 異なる感じによってのみ異なる」(T 1.3.5.5) のかもしれません。あるいは、信念と空想は、同じ内容をもっていても、「同じ感じをけっしてもたない」でしょう。

すると、それぞれに「異なる感じ」があることは、活気の程度が連続するという誤解を晴らすには、たしかに有効かもしれません。各知覚に固有の「異なる感じ」は明らかに四つの知覚を互いに分断するからです。でも、それらの「異なる感じ」とは一体どのような感じなのでしょうか。もちろん、記憶には記憶の感じがあるが、信念には信念の感じがある、とはいえるでしょう。しかし、それぞれの「異なる感じ」が知覚を四つに分けるなら、それぞれの「異なる感じ」はそれらの知覚の区分に先立ってわかっていなければなりません。さもなければ、それぞれの「異なる感じ」が知覚を分けることはできません。でも、それら四つの知覚の区分から独立に、それぞれの「異なる感じ」がどのような感じであるのか、わかるでしょうか。たしかに異なる知覚には「異なる感じ」があるかもしれません。しかし、それがどんな知覚なのかが、わからなければ、それがどんな感じなのかは、いえないでしょう。たとえば、記憶には記憶の感じがある、といえるのは、それが記憶である、とわかるからです。でも、異なる知覚には「異なる感じ」がある、というだけでは、ほとんど何もいえていません。

すると、それぞれの「異なる感じ」だけが四つの知覚の区分に先立ってわかることはないのかもしれません。つまり、それぞれの「異なる感じ」がわかるときには、四つの知覚の区分もまたわかっているわけです。だとすれば、私たちの知覚はやはり活気の程度の相違から四つに区分されるべきではないでしょうか。もちろん、四つの知覚に伴うのは同じ活気なので、そこに活気があるだけでは、それが何の知覚なのかはわかりません。しかし、それぞれの（同じ）活気は、程度が異なるので、それがどんな知覚かわからなくても、（同じ物差しの上で）選り分けられます。だから、やはり四つの知覚を分けるのは、――それぞれに「異なる感じ」があるにせよ、――本来は（同じ）活気の異なる程度であるべきです。

そもそも各知覚の活気の程度の差異は『人間本性論』の「付録」でも放棄されたわけではありません。たとえば、そこで第一巻の途中に挿入するように指示される個所では、記憶と想像は「（…）異なる感じによってのみ異なる」と書かれた直ぐ後に、「記憶の観念は想像の観念よりも力強く生き生きしている」（T 1.3.5.5）と書かれています。また、そもそもヒュームはそこで知覚の活気や生気など（の程度）を「異なる感じ」と言い換えただけかもしれません。たしかに『人間本性論』の「付録」では四つの知覚の「異なる感じ」が強調されます。たとえば、同じく第一巻への挿入が指示される別の個所では、信念は空想と「異なって感じられる」（T 1.3.7.7）、と言われています。ですが、そこで彼が打ち明けるように、もしかしたら、「この感じ（…）を完全に説明することは不可能である」（ibid.）かもしれません。にもかかわらず、彼自身は、それを「優れた勢いや活気」（ibid.）あるいは「固さ（*solidity*）や安定（*steadiness*）」（ibid.）などと表現し、何とか「説明しようと努めている」（ibid.）わけです。しかし、だからこそ、私たちは、活気（の程度）とは何なのかと、また、なぜそれを言い表すことができないのかを、彼と共に考えなくてはなりません。さもなければ、彼の知覚論（の苦難）に寄り添うことはできないからです。

現実の現前

さて、ヒュームによれば、①印象、②記憶、③信念、④空想は、同じ（事象）内容をもつことがありますが、それぞれ異なる程度の活気をもっていなければなりません。ですが、それら四つの知覚は、活気の程度が変わると、どのように異なるのでしょうか。そもそも活気（の程度）とは何なのでしょうか。彼は、「活気」や「生気」などということで、何を言い表そうとしたのでしょうか。

まず、彼の「活気」やそれと同語源の言葉が「異なる感じ」を指すのなら、知覚の活気もまた何らかの感じである、と考えられます。たとえば、「過去の出来事を思い出すとき、観念は勢いよく精神に雪崩れ込むが、想像では、知覚は弱々しく不活発で、精神が長い間それを安定して一定に保つのは難しい」(T 1.1.3.1)、と言われるように、記憶と想像では活気の程度が異なりますが、彼によれば、これは「感じられる相違」(ibid.) なのです。そのため、「ヒュームにとって活気は感じである」(Seppalainen and Coventry 2012, 42) ことになります。知覚の活気とは、私たち(の心)が知覚に感じる何らかの感じなのです。(とはいえ、それは、痛みとか飢えのような感覚でも、喜びとか悲しみのような感情でもありません。なぜなら、そうした感覚や感情は知覚の(事象)内容ですが、知覚の活気ある感じは(事象)内容ではないからです。)

すると、彼の用いる「活気」やそれと同語源の言葉は、私たちが知覚に感じる心的な感じを言い表すための心理学的な表現である、と解されます。しかし、彼の四つの知覚を分けるのは、実は心的に感じる活気(の程度)だけではありません。なぜなら、彼によれば、それらは互いに取り違えられることがあるからです。「睡眠や病熱や狂気のとき、(…)観念は印象に近づくかもしれないし、また反対に、印象が観念から区別できないほど淡く貧弱になることが、ときには起こる」(T 1.1.1.1) かもしれません。たしかに印象と観念の活気は「(…)通常の程度では容易に区別される」(ibid.) でしょう。けれども、「それらが互いに大いに近づくことも(…)不可能でない」(ibid.) のであれば、たしかにそれらが取り違えられることもあるでしょう。また、彼によれば、記憶と想像も互いに取り違えられます。すなわち、「(…)記憶の観念が、その勢いや活気を失うことで、想像の観念と間違えられる程度にまで、衰退することがあるように、(…)想像の観念が、記憶の観念と見なされるほどの勢いと活気を獲得し、その信念と判断への影響を偽装することがある」(T 1.3.5.6) わけです。

しかし、このような取り違えが可能であるのは、そこに感じる心的な感じだけが、知覚を分ける唯一の基準ではないからでしょう。つまり、ケンプ・スミスが指摘するように、「(…)勢いや活気の程度［の相違］とは別に、他の相違が何も要請されないなら、そのような「間違い」や「偽装」は(…)可能ではない」(Kemp Smith 2005, 232-233) はずです。もちろん知覚に感じる活気の程度は知覚を四つに分ける目印になるでしょう。しかし、そこに感じる心的な感じだけがそれらを分けるなら、それらが取り違えられることはありえません。それらの取り違えが可能であるためには、何か別の基準が働いているはずなのです。

そのため、そこに感じる活気の程度が知覚を分けるとしても、知覚の「活気」には、私たちが感じる心的な感じとは別に、他に何らかの意味が(暗に)込められているのでなければなりません。心的な感じだけが知覚を分ける唯一の基準ではないからです。では、他にどんな基準が知覚を分けるのでしょうか。知覚の「活気」には他にどんな意味が込められているのでしょうか。ヒューム自身は「活気」や同語源の言葉について次のように述べています。

このような言葉の多様性は、とても非哲学的に思われるかもしれないが、それが意図するところは、私たちに虚構よりも現実（reality）を現前させ、現実を思考の中で重要なものとし、現実が情念や想像に大きな影響をもつようにするような、精神の作用を言い表すことだけにある。（T 1.3.7.7）

知覚の活気は、私たちの心に感じられる一方で、私たちの心に働きかけます。つまり、私たち（の心）は、知覚に活気を感じると、そこに現実を見るので、それに情念や想像が左右されるようになる。そのように知覚の活気は私たち（の心）に働きかけるのです。

さて、ここで注目したいのは、——それが情念や想像に影響することは、たしかに彼の「活気」などを理解するのに有用でしょうが、——知覚に感じる活気が私たち（の心）に現実を見せるということです。というのは、それが精神に影響することは、そこに現実が現前することの副次的な作用にすぎないからです。つまり、活気を感じる知覚（の内容）は、——そのような影響があるから、現実とされるのではなく、——現実とされるから、そのような影響があるわけです。すると、知覚に感じる活気の直接的な作用は、知覚（の内容）を現実に見せることである、といえるでしょう。すなわち、——たとえばワックスマン（Wayne Waxman）はそれを「本当らしさ（*verisimilitude*）」と解していますが（Waxman 2003, 33）、——知覚の活気ある感じとは「現実の感じ」なのです。

また、現実とされる知覚（の内容）について、ヒュームは次のように書いています。

何であれ記憶に現れることは、直接の印象に似た活気を伴って精神を打つので、精神のあらゆる働きにおいて重要なものとなるにちがいないこと、そして、たんなる想像の虚構と違って容易に際立つにちがいないことは、明らかである。私たちは、これらの記憶の（…）観念から、内的な知覚や〔外的な〕感覚に現れたことを覚えているすべてのことを含む、ある体系を形成する。そして、私たちは、この体系のすべての個別のことを、現前する印象に加えて、現実と読んで憚らないのである。しかし、精神はここで止まらない。というのは、この知覚の体系に（…）原因や結果の関係から結び付く別の体系があることを知ると、精神はこれらの観念の考察に進むからである。そして、精神は、これら特定の観念を見るように（…）決定されていて、そのような決定をしている（…）〔因果〕関係が少しの変化も許さないと感じるので、それらを新たな体系に形成し、同じく現実という称号を与えるのである。これらの体系のうち、第一のものは記憶と感覚〔の印象〕の対象であるが、第二のものは〔因果的な〕判断の対象である。

（T 1.3.9.3）

ようするに、まずは、印象と記憶（の内容）が「現実」と呼ばれますが、さらに、そこに因果的に結び付く信念（の内容）が「現実」と呼ばれます。すると、ここで現実を見せる知覚と活気を感じる知覚が重なり合うことは明らかではないでしょうか。すなわち、印象や記憶や信念（の内容）

は、空想（の内容）と違って、生き生きと感じられるから、現実と見られるのです。

　とはいえ、印象と記憶と信念にまったく同じように現実が見えるわけではありません。なぜなら、それらに感じる活気は、――むろん同じ「現実の感じ」ですが、――それぞれ程度が異なるからです。しかし、だとすれば、それらの活気の程度の相違はどのように理解されるべきでしょうか。ここで再び『人間本性論』第一巻の冒頭に注目すれば、そこでは印象と観念の相違が次のように例示されています。すなわち、「（…）たとえば、現前する論述に引き起こされる知覚のうち、ただ視覚や触覚から生じるものと、それが引き起こしうる直接の快や不快を除けば、他の知覚はすべて観念である」（T 1.1.1.1）、と。もちろん、ここで「現前する」と言われているのは、知覚それ自体（が精神に現れること）ではありません。なぜなら、その意味では空想の観念も精神に現前するからです。そうではなくて、ここで「現前する」と言われているのは、知覚の（事象）内容である「論述」です。すると、たとえばダウアー（Francis W. Dauer）が解しているように、「観念と印象の違いは主に表象（representation）と現前（presentation）の違いである」（Dauer 1999, 86）、といえるかもしれません。すなわち、観念は（事象）内容を表象するわけですが、印象は（事象）内容を現前させるわけです。そして、このような違いがそれらの活気の程度の違いから生じているなら、印象に感じる活気とは「現前の感じ」であると考えられます。

　そのため、私たちが印象に見る現実は、やはり記憶や信念に見る現実と異なります。もっとも生き生きと感じる印象（の内容）は、活気の程度が劣る観念（の内容）と違って、現前する今ここの現実だからです。たとえば、木曾好能が書いているように、「印象とは、現在のあらゆる直接体験のこと」（木曾 2011, 398 強調傍点引用者）なのです。もちろん、記憶や信念にも、活気は感じるので、現実は見えます。しかし、それら（の内容）は現前しない現実です。記憶や信念に見える現実は、印象に見える現実と違って、今ここにありません。だから、私たちの「精神が病気や狂気に乱されなければ」（E 2.1）、印象と観念はまず取り違えられません。本当に生き生きと感じる知覚は、「考えること」たる観念でなく、「感じること」たる印象なのです。換言すれば、本当の現実（の感じ）とは、今ここに現前する現実（の感じ）なのです。（もちろん、本当の今ここは、現実の今ここである、ともいえます。）

以上から、ヒュームの用いる「活気」やそれと同語源の言葉は、一方では、文字通りに受け取れば、私たちの心的な感じを表している、といえますが、他方では、文脈から読み解けば、現実や現前の感じを仄めかしている、といえます。もちろん、これらは通常はなぜかうまく一致しているので、彼の四つの知覚は互いに容易に区別されます。しかし、知覚の活気がどれほど感じられるのかと、知覚（の内容）が現前する現実であるかどうかは、互いに合致しないことがありうる。つまり、とても生き生きと感じるのに、そこに現実が現前しないことがありうる。あるいは、あまり生き生きと感じないのに、そこに現実が現前することがありうる。そのようにして四つの知覚は互いに取り違えられるわけです。

とはいえ、活気ある感じと現実や現前の感じが互いに取り違えられるなら、そもそも現実や現前とは何なのでしょうか。たしかに、（私たちの）知覚がなくても、世界には現実や今（ここ）はあるかもしれません。何かが現実であることや、いつか（どこか）が今（ここ）であることと、（私たちの心が）そのようなことを知ることは、互いに独立の問題でありうるからです。しかし、ヒューム（の知覚論）によれば、そもそも何も私たちの知覚から独立ではありえません。というのは、私たちの「精神には知覚以外は何も現れないので、…私たちには、観念や印象と異なる何かは、思い抱く（conceive）ことさえ（…）不可能である」（T 1.2.6.8）からです。すると、彼にとっては、現実や今（ここ）でさえ、（私たちの）心に現れるのかもしれません。ですが、――絵それ自体に現実や現在が描き込めないように（cf. 永井 2004, 140）、――現実であることや今（ここ）であることは、知覚の（事象）内容ではありえません。つまり、彼の知覚の区別には、様相や時制が含まれますが、知覚の（事象）内容には、様相や時制は表れません。しかし、だとすれば、彼は現実や現前をどのように論じればよいのでしょうか。なるほど、もしかしたら、それらは、（事象）内容には表れないのだから、言葉では描写できないのかもしれません。ですが、それでも、あえてそれらを言い表そうとするなら、現実は生き生きとしているとか、今（ここ）はありありと感じられるとか、言うしかないのかもしれません。《とはいえ、現在の現実の現前はそのように言い表すとしても、過去の現実の現前はどのように言い表せばよいのでしょうか？》

第2章

経験と思考はどのような関係にあるのか？

——印象と観念の関係

次に考えたいのは、印象と観念がどのような関係にあるのか、ということです。印象とは私たちが経験することです。観念とは私たちが思考することです。しかし、私たちの経験と思考は互いにどのように関係するのでしょうか。これを考察するために、本章ではヒュームの「第一原理(the first principle)」(T 1.1.1.12)とその反例と言われる「青の欠けた色合い(the missing shade of blue)」を検討してみます。そうすることで、きっと彼の経験論が浮き彫りになるでしょう。また、彼は私たち人間が推論し探求しうることを「観念の関係(relations of ideas)」と「事実の問題(matters of fact)」に分けています。本章の最後では、彼の経験論的な哲学への理解を深めるため、この二分法も見ておきます。

単純と複雑

私たちの知覚は、そこに感じる活気の程度の違いによって、――さらに細かく①印象、②記憶、③信念、④空想に分けられますが、――大きく印象と観念に分けられます。しかし、ヒュームの知覚にはもう一つ別の（ロックやバークリから引き継いだ）区分があります。それは単純（simple）と複雑（complex）の区別です。彼によれば、印象と観念はどちらもそれぞれ単純なものと複雑なものに分けられます（T 1.1.1.2）。たとえば、あるリンゴについて考えてみると、そこでは特定の色や味や香などが一体になっていますが、それらは互いに区別できる性質ですから、このときには、そのリンゴは複雑な知覚であるが、その特定の色や味や香などは単純な知覚である、といえます（ibid.）。つまり、単純な知覚が区別や分離を受け入れない一方で、複雑な知覚は異なる性質に分けられるわけです（ibid.）。《とはいえ、どのような味が単純なのでしょうか？　たとえば、リンゴの味とは、リンゴ味という一つの味なのでしょうか、それとも、甘味や酸味が混ざった複雑な味なのでしょうか？》

ところで、単純な知覚と複雑な知覚を分けるのは、明らかに、知覚の活気（の程度）でなく、知覚の（事象）内容です。ある特定の色（の知覚）が単純であることを知るには、その活気（の程度）がわかる必要はなく、その（事象）内容がわかれば十分です。あるいは、むしろ活気（の程度）は知覚の単純と複雑を分けるのに何も寄与しません。リンゴ（の知覚）が複雑であることは、それが印象や観念であることからは、まったくわかりません。そうではなくて、それが複雑であるのは、それがリンゴであるからに他なりません。

もちろん活気（の程度）と（事象）内容はどちらも知覚を区別します。しかし、活気（の程度）がどうであるかと、（事象）内容がどうであるかは、それぞれ独立に知覚を区分します。つまり、前者は知覚を印象と観念に区分するが、後者は知覚を単純と複雑に区分するわけです。だから、知覚の単純と複雑の区別は「印象と観念の両方に当てはまる」(ibid.) のです。

第一原理

したがって、活気(の程度)の違いによる印象と観念の区別と、(事象)内容の違いによる単純と複雑の区別は、互いに交差し組み合わされます。そして、これら二通りに区分された知覚の関係からヒュームの「第一原理」は確立されます。すなわち、「私たちの単純な知覚はすべて(…)対応する (correspond)〔単純な〕印象から生じる」(T 1.1.1.11)、と。

まず、彼が初めに目を付けるのは、「印象と観念の間の大いなる類似 (resemblance)」(T 1.1.1.3) です。つまり、印象と観念は、そこに感じる活気(の程度)の違いを除けば、どちらか一方だけに見いだせる(事象)内容はなく、互いに類似し対応するように見えます (ibid.)。しかし、単純と複雑の区別に鑑みれば、多くの複雑な観念が複雑な印象を正確に表象するわけではないでしょう (T 1.1.1.4)。というのも、たとえば、私たちは、実際に見たことがある街並みでも完全には思い出せませんが、実際に見たことがない街並みでも自由に思い浮かべられるからです (ibid.)。そのため、ヒュームによれば、印象と観念が互いに類似し対応するのは、それらが単純であるときに限られます。

「すべての単純な観念はそれに類似する単純な印象を有するが、すべての単純な印象はそれに対応する単純な観念を有する」(T 1.1.1.5) わけです。印象と観念の類似ないし対応は、それらが単純であるときには、「例外なく」(ibid.) 成立します。つまり、単純な印象と単純な観念の間には、「普遍的な (universal) 類似」(ibid.) や対応があるのです。

また、次に彼は、単純な印象と単純な観念は「一方の存在がもう一方の存在に著しい影響を与える」(T 1.1.1.8) にちがいない、と考えます。というのは、それらの類似または対応には「無数の事例」(ibid.) があるが、「そうした恒常的な連接 (constant conjunction) は (…) けっして偶然には起こらない」(ibid.) はずだからです。では、それらの間に「強い結び付きがある」(ibid.) として、どちらがどちらに作用するのでしょうか。ここでヒュームが目を向けるのは、それらが私たち (の精神) に現れる順序です (ibid.)。彼によれば、「単純な印象が対応する〔単純な〕観念に常に先行 (precedence) し、逆の順序ではけっして現われない」(ibid.) ことは、絶え間なく何度も繰り返し経験されています。たとえば、子供に緋色や苦味の観念を与えるには、私たちは先に、それらの対象を差し出し、それらの印象を与えます (ibid.)。私たちが経験するところでは、印象が観念を生むわけです。だから、私たちは、先に観念を与えることで、印象を与えようとはしません (ibid.)。観念が印象を生むことは私たちの経験に反します。私たちはそんな馬鹿げたことは試みません (ibid.)。そのため、ヒュームは、「印象は観念の原因であるが、観念は印象の原因でない」(ibid.)、と締め括ります。すなわち、彼にとっては、類似対応する単純印象と単純観念の間では、両者が恒常的に連接することは、一方が他方の原因であることの証拠（proof）なのであり、前者が後者に（時間的に）先行することは、前者が後者の原因であることの証拠なのです。

すると、単純な印象と単純な観念の間には、いわば類似性の関係と因果性の関係があることになる。つまり、類似性の関係とは、両者が互いに類似し対応することですが、因果性の関係とは、前者が後者を生む原因であることです。ヒュームはこれら二つの関係から自らの探求の「第一原理」を確立します。すなわち、「すべての単純な観念は、それらの最初の現れにおいては、それらに対応し、かつ、それらが正確に表象するところの、単純な印象から派生する」（T 1.1.1.7）、と。これはときに「コピー原理（the copy principle）」と呼ばれますが、それら二つの関係のうちどちらか一方でも欠けたら、単純な観念が単純な印象のコピーであることにはなりません。彼の「第一原理」が「コピー原理」と言われるのは、そこに類似性と因果性の二つの関係が含まれるからです。つまり、単純な印象と単純な観念の間には、（一言で「コピー原理」と呼ばれる関係があるというよりは、）それぞれ「類似性テーゼ（the resemblance thesis）」と「因果性テーゼ（the causal thesis）」と表される二つの関係があるということです（cf. Garrett 2002, 21; Kendrick 2009, 964）。

青の欠けた色合い

さて、ヒュームの「第一原理」によれば、私たちには生得的な（innate）観念がないことになります。なぜなら、あらゆる観念の想起や想像には対応する印象の経験が不可欠だからです。それはまさに「経験論の原理」（木曾 2011, 392）に他なりません。

そして、彼の『人間本性論』ではあらゆる主題が「第一原理」に基づいて経験論的に考究されます。たとえば、因果論では、因果（的必然）性の観念の源泉となる印象が探求され（T 1.3.2.4; T 1.3.14.1）、道徳論では、徳と悪徳を区別する印象が要求されます（T 3.1.2.1-2）。また、実体（T 1.1.6.1）や空間と時間（T 1.2.3.1）や自我（T 1.4.6.2）について論じるときにも、彼は自らの議論を「第一原理」によって経験論的に方向付けています。すなわち、彼（の経験論）にとっては、「あらゆる本当の観念を生じさせるのは、何らかの印象でなければならない」（ibid.）のです。

だが、それほど重要な「第一原理」に対して、なぜか彼はその反例と見なせる状況を自ら描いてみせる。それが有名な「青の欠けた色合い」です。

（…）ある人が、三十年間視力を享受し、あらゆる種類の色を完全に知るに至ったが、たとえば、ある特定の青の色合いは例外で、たまたまそれに出会う機会がなかった、と想定しよう。その色合いだけを除き、すべての違う青の色合いを、もっとも濃いものから徐々にもっとも薄いものへと続くように、彼の前に並べるとすると、彼は明らかに、その色合いが欠けているところに空所を知覚するだろうし、隣り合う色との間に〔他のところ〕より大きな隔たりがあるのを感じるだろう。さて、私は尋ねたいが、彼が自らの想像によって、この欠落を補い、これまで彼の感覚に与えられたことがないにもかかわらず、その特定の色合いの観念を彼自身に呼び起こすことはできるだろうか。（T 1.1.1.10）

ここで、ヒューム自身は、この問いに対して、「できるという意見でない人はほとんどいない」（ibid.）、と答え、さらに、「このことは、単純な観念が対応する印象から生じるとはかぎらないことの証明（proof）になるかもしれない」（ibid.）、と述べています。

でも、どうして彼は自らの論究の基礎である「第一原理」に反例を認めるのでしょうか。また、それが「第一原理」の反例であるのなら、なぜ「青の欠けた色合い」はもっと注目されないのでしょうか。つまり、どうして彼は、「その事例は、きわめて特殊で特異であるので、ほとんど考慮するに値せず、私たちの一般原則〔すなわち「第一原理」〕をそれだけのために変更するには及ばない」（ibid.）、といえるのでしょうか。

さて、これらの問いを考えるには、――もちろん「青の欠けた色合い」がどのような反例であるのかを見なければなりませんが、――そもそも「第一原理」にはどのような一般性があるのかを見なければなりません。なぜなら、「青の欠けた色合い」は他でもない「第一原理」の反例であるからです。

　まず、もしも「第一原理」に普遍的な一般性があるのなら、そこには、必然性が含意されるので、どんな「特殊で特異」な反例も許容されないはずです。というのは、「どんな普遍的な一般化（universal generalization）もたった一つの本物の反例によって決定的に反証される」（Flew 1986, 21）からです。もちろん、「青の欠けた色合い」は、現実に起こっている事実ではなく、可能と考えられる想定にすぎません（cf. Stroud 2005, 34）。しかし、「第一原理」が必然性を含意する「普遍的な一般化」であるなら、反例が（思考）可能であるだけで、それは、必然的でなくなるので、反証されることになります。すなわち、「青の欠けた色合い」は、「第一原理」が必然性を含意する「普遍的な一般化」であるのなら、それを反証する可能な反例になるわけです。

　だが、もしかしたら、「第一原理」にある一般性は、普遍的なものでなく、経験的なものかもしれません。つまり、ヒュームは「第一原理」を、「(…) 必然的とするのではなく、経験的な一般化（empirical generalization）としている」（Garrett 2002, 55）のかもしれません（cf. Becker 2010, 38-39）。すると、このときには、「青の欠けた色合い」は「第一原理」を反証しなくなります。なぜなら、それは、経験される現実の反例でなく、思考される可能な反例であるからです。たしかに、「経験的な一般化」は、現実に反例が経験されるなら、反証されるかもしれません。たとえば、スナメリは、それが現にエラ呼吸することが発見されたら、哺乳類ではなくなるでしょう。しかし、可能な反例が思考されても、もちろんそれが反証されるわけではありません。つまり、エラ呼吸するスナメリは容易に考えられるでしょう。《とはいえ、それは本当にスナメリなのでしょうか？》したがって、「青の欠けた色合い」は、「第一原理」が必然性を含意しない「経験的な一般化」であるのなら、――（思考）可能な反例にすぎないので、――それを反証しないことになります。

とはいえ、「第一原理」にどちらの一般性があるのかは、一概にいえることではありません。なぜなら、それは「類似性テーゼ」と「因果性テーゼ」から成るからです。そして、もちろん印象と観念の間の類似性と因果性は互いに独立の異なる関係です（cf. Kendrick 2009, 968）。だから、「第一原理」が、「普遍的な一般化」であるのか、「経験的な一般化」であるのかは、画一的に検討されるべきではありません。そうではなくて、それがどちらの一般化であるのかは、それら二つの関係について、それぞれ検討されるべきなのです。

印象と観念の類似性

では、まずは「類似性テーゼ」について考えてみましょう。たとえば、「日向で私たちの目に入る赤の印象」と「暗闇で私たちが心に抱く赤の観念」は、同じ単純な赤を（事象）内容とするので、互いに類似あるいは対応している、といえます。もちろん、「すべての単純な印象と単純な観念について事情は同じである」（T 1.1.1.5）でしょう。すなわち、他の単純な色や音や味などを共有する印象と観念もまた、それぞれ互いに類似し対応しているはずです。しかし、これは一体どのような一般化なのでしょうか。すべての単純な印象と単純な観念が互いに類似対応することは、「普遍的な一般化」なのでしょうか、それとも「経験的な一般化」なのでしょうか。

もちろん私たちにはすべての類似対応を個別に枚挙することはできません（ibid.)。しかし、「経験的な一般化」には全個別事例の枚挙は必要ありません。（誰がすべてのスナメリを調べたのでしょうか。）なぜなら、「単純な印象と観念がすべて類似対応することは、好きなだけ多くの単純知覚を調べ回れば、誰にでも納得できるだろう」（ibid.）からです。

すると、「類似性テーゼ」は「経験的な一般化」であるのかもしれません。ですが、ヒュームはさらに次のように続けます。

> しかし、もし誰かがこの〔単純印象と単純観念の〕普遍的な類似を拒否するのなら、それを彼に確信させるには、対応する観念のない単純印象や、対応する印象のない単純観念を示すように、彼に要求するほかない。彼がこの挑戦に応えなければ、応えることができないのは確実であるが、私たちは、彼の沈黙と私たち自身の観察から、私たちの結論を確立することができる。（ibid.）

ようするに、「対応する観念のない単純印象」や「対応する印象のない単純観念」は「類似性テーゼ」の反例ですから、そのような知覚が示されるなら、単純な印象と観念はすべて類似するわけではないことになります。しかし、ヒュームによれば、そのような反例を示すことが「できないのは確実である」ので、私たちは「類似性テーゼ」を打ち立てることができるわけです。

でも、どうして彼は、そのような反例を示すことが「できないのは確実である」、といえるのでしょうか。もし「類似性テーゼ」が「経験的な一般化」でしかないのなら、「対応する観念のない単純印象」や「対応する印象のない単純観念」は、現実に経験される反例でなければ、それを反証しません。しかし、ヒュームの考える単純印象と単純観念の「普遍的な類似」が必然性を含意するのなら、「類似性テーゼ」はむしろ「普遍的な一般化」であることになります。そして、もしそうであれば、それらの反例が可能と思考されるだけで、それは（「普遍的な一般化」としては）反証されるわけです。

とはいえ、「対応する観念のない単純印象」や「対応する印象のない単純観念」は、そもそも（思考）可能ですらないのかもしれません。なぜなら、それらの反例はどちらも、ヒューム（の経験論的な知覚論）に即して考えると、それ自体の定義に矛盾することになってしまうからです。

初めに、なぜ「対応する観念のない単純印象」は（思考）可能でないのか、考えてみましょう。たとえば、彼の「第一原理」によれば、緋色の観念を与えるには緋色の印象を与えればよいわけですが（T 1.1.8）、もし緋色の印象に対応する観念がなかったら、どうなるでしょうか。もちろん、緋色の観念は与えられませんが、緋色の印象もまた与えられなかったことになるのではないでしょうか。というのは、私たち（の心）に現れる印象（の内容）は、それが再び私たち（の心）に現れるとすれば、観念（の内容）として現れるしかないからです（T 1.1.3.1）。しかし、ここで仮定する緋色の場合には、印象の経験が（実は）あるのだとしても、観念の想起や想像はありえません。なぜなら、それは「対応する観念のない単純印象」だからです。すると、私たちは、印象の経験があるのかどうかさえ、観念の想起や想像から遡らなければならない（cf. 木曾 2011, 403）。しかし、対応する観念のない緋色の印象は、観念から遡及されえないので、いわばもともと無かったことになってしまうわけです。

もちろん、緋色の印象がそもそも無かったことにならないためには、対応する観念があればよいでしょう。しかし、「対応する観念のない印象」に対応する観念があるはずはありません。なぜなら、そこに矛盾があることは明らかですが、矛盾を含むことは（思考）可能でないからです。したがって、「対応する観念のない単純印象」は、その定義に従うなら、対応する観念をもたないので、もともと無かったことにならざるをえないが、対応する観念をもたせると、その定義に反するので、そもそも（思考）可能でなくなってしまいます。

次に、なぜ「対応する印象のない単純観念」が（思考）可能でないのか、考えていきましょう。一見すると、それが（思考）可能であることは、「青の欠けた色合い」が仄めかしているかもしれません。なぜなら、そこで想定された男性は、対応する印象を経験することなしに、その青の色合いの観念を想像するからです。でも、その青の色合いの観念には本当に対応する印象がないのでしょうか。たとえば、その男性は、その色合いの観念を自ら想像した後で、その色合いの絵の具を見たら、やはりその色合いの印象を経験するのではないでしょうか（cf. Kendrick 2009, 969）。また、彼の目の前には、その色合いを除く青の色合いの印象がすべて並んでいますが、彼が思い浮かべる色合いの観念には、その空所を埋める印象が対応しなければなりません。さもなければ、彼はそこで欠如する色合いの観念を思い浮かべたことにならないからです。それゆえに、その男性が自分で考えた観念にも対応する印象がないわけではありません。つまり、その色合いの印象を見せることで、その色合いの観念を与えることも当然できます。だから、「青の欠けた色合い」は「対応する印象のない単純観念」の事例ではありません。

もちろん、ヒュームの挑戦に応えようとする人は、「対応する印象のない単純観念」がある、と言い張らなくてはなりません。しかし、ヒュームは、「その偽りの観念はどんな印象に由来するのか」（A 7）、と尋ねるでしょう。「そして、彼は、何の印象も提出できないのなら、その言葉はまったく無意味である、と結論する」（ibid.）でしょう。つまり、彼（の経験論）にとっては、「対応する印象のない単純観念」と言われても、それが印象に由来しないなら、それは観念を装った無意味な言葉でしかありません（cf. E 2.9）。《たとえば誰にも見えない色に何か意味があるでしょうか？・》すなわち、それは、「偽りの観念」でしかなく、「本当の観念」ではありません。

ここで、彼の要求に応え、何らかの印象を出すのなら、もちろんそれは「本当の観念」であることになります。しかし、「対応する印象のない単純観念」の対応する印象を出せるはずはありません。矛盾を含むそのような状況はそもそも（思考）可能でないからです。だから、「対応する印象のない単純観念」は、その定義に従うなら、対応する印象をもたないので、観念のふりをした無意味な言葉になってしまいますが、対応する印象をもたせると、その定義に反するので、矛盾を含意し（思考）可能でなくなってしまうわけです。

以上から、単純な印象と観念が互いに類似対応することは「普遍的な一般化」である、と考えられます。「対応する観念のない単純印象」や「対応する印象のない単純観念」は、ヒューム（の経験論的な知覚論）にとって整合的であるには、それぞれの定義と矛盾し、そもそも（思考）可能でなくなってしまいます。だから、もちろん「青の欠けた色合い」は「類似性テーゼ」の反例ではありません。「青の欠けた色合い」は（思考）可能であるけれど、「普遍的な一般化」の反例は（思考）不可能であるからです。

印象と観念の因果性

では、「因果性テーゼ」はどうでしょうか。そこでは、単純な観念が（対応する）単純な印象から生じる、あるいは、単純な観念の原因は（対応する）単純な印象である、と言われます。でも、このことはどのように導かれるのでしょうか。つまり、それは、「普遍的な一般化」なのでしょうか、それとも、「経験的な一般化」なのでしょうか。

ここでは『人間本性論』で「因果性テーゼ」が示される手順を見ていきましょう。まず、それが考察される前に、すでに「類似性テーゼ」は（「普遍的な一般化」として）確立されています（cf. T 1.1.1.5-6）。しかし、ヒュームはそれを「無数の事例における（…）恒常的な連接」（T 1.1.1.8）として経験的に捉え直します。というのも、「類似性テーゼ」は、単純知覚が十分に調査されるなら、「経験的な一般化」として納得されるからです。だが、そのような無数の恒常的な連接が偶然であるとは思えません（ibid.）。つまり、類似する印象と観念はどちらか「一方が他方の原因である」（ibid.）にちがいありません。ここで彼はそれらが私たち（の心）に現れる順序に注目します（ibid.）。そして、印象が観念に先行することが、「恒常的な経験によって」（ibid.）明らかなので、印象が観念の原因であることの証拠とされます。すると、彼の議論に従えば、「因果性テーゼ」は「経験的な一般化」であることになります。というのは、印象が観念の原因であることを裏付けるのは、両者の恒常的な連接と前者の時間的な先行ですが、それら二つの証拠はどちらも経験的な事実に他ならないからです（cf. 稲垣 2008, 328）。

だが、「因果性テーゼ」は「経験的な一般化」でしかないのでしょうか。それは必然性を含意する「普遍的な一般化」ではありえないのでしょうか。たしかに、反例がまったく（思考）可能でないなら、それは「普遍的な一般化」に（も）なるでしょう。しかし、「因果性テーゼ」には（思考）可能な反例がたくさんあります。たとえば、（1）印象が観念から生じることや、（2）観念が何の原因もなく生じることが、あるいは、（3）観念が対応する印象以外の原因から生じることや、（4）観念が対応する印象の前に生じることが、十分に考えられます（cf. Kendrick 968）。これらはすべて「因果性テーゼ」の（思考）可能な反例です。なぜなら、そこには何の矛盾もないからです。やはり「因果性テーゼ」は、「普遍的な一般化」ではなく、「経験的な一般化」であるのです。

さて、これらの四つのうち、（1）と（2）はふざけた反例に見えるかもしれません。たとえば（1）の反例はヒューム自身が滑稽だと言っています。つまり、彼によれば、私たちは「（…）観念を引き起こすことによって印象を生み出そうと努めるような馬鹿げたことはしない」（T 1.1.1.8）のです。

また、（2）の反例も彼にとっては無益であるでしょう。たとえば、彼は（心的な知覚から独立の）外的な物体について次のように述べています。すなわち、「（…）どんな原因が私たちに物体の存在を信じさせるのか、と問うのは結構であるが、物体が存在するか否か、と問うのは無益である」（T 1.4.2.1）、と。すると、彼にとっては、なぜ私たちは結果には原因があると信じるのか、とは問うべきなのかもしれませんが（cf. T 1.3.2.14）、原因なしに結果は生じるのか、とは問わなくてよいのかもしれません。《とはいえ、どうしてそれらは滑稽で無益であるのでしょうか？》

他方で、（3）と（4）は彼にとって考えるに値する反例であるでしょう。なぜなら、それらの二つの反例は「青の欠けた色合い」に読み取れるからです。たしかに、その青の色合いの観念は、男性が自ら想像するのだから、対応する印象を原因とするわけではありません。しかし、その青の色合いの観念は、(2)の反例で言われるように、何の原因もなく生じるわけではないでしょう。なぜなら、それを自ら思い浮かべる男性は、それ以外の色(合い)をすべて知っていて、それ以外の青の色合いを実際に見ているからです。すると、その色合いの観念は、(3)の反例で言われるように、対応する印象以外の原因から生じたのかもしれません。すなわち、それ以外の色(合い)を知っていることや、それ以外の青の色合いを見ていることが、男性の心にそれが生じた原因であるのかもしれません。

また、その色合いの観念を自ら想像した男性は、その色合いの印象を後に経験しうるのでなければなりません。さもなければ、彼は目の前の欠如を埋める色合いを思い浮かべたことにならないからです。すると、(4)の反例で言われるように、観念が対応する印象の前に生じるには、彼が後にその色合いを実際に見ればよいことになる。そして、それはもちろん(思考)可能であるわけです。

以上から、単純な印象が対応する観念の原因であることは「経験的な一般化」である、と考えられます。なぜなら、「因果性テーゼ」には反例が(思考)可能だからです。「青の欠けた色合い」が仄めかす(3)や(4)だけでなく、ちょっとふざけて見える(1)や(2)もまた、「因果性テーゼ」の(思考)可能な反例です。しかし、それら四つの反例はどれも「因果性テーゼ」を反証しません。「経験的な一般化」を反証しうるのは、(思考される)可能な反例でなく、(経験される)現実の反例であるからです。それが『人間本性論』で導かれる流れを見ても、「因果性テーゼ」は明らかに「経験的な一般化」です。だから、「青の欠けた色合い」は、(3)や(4)の反例を示唆してはいますが、「因果性テーゼ」を反証するわけではありません。

観念の関係と事実の問題

たしかに「青の欠けた色合い」は一見したところでは「第一原理」を反証しそうです。しかし、「第一原理」を「類似性テーゼ」と「因果性テーゼ」に分けてみれば、それが「第一原理」を反証しないことが明らかになりました。まず、「普遍的な一般化」である「類似性テーゼ」にはそもそも(思考)可能な反例がありません。だから、「青の欠けた色合い」もまた「類似性テーゼ」の反例ではありません。また、「青の欠けた色合い」は「因果性テーゼ」の(思考)可能な反例ですが、「因果性テーゼ」は(思考)可能なだけの反例には反証されません。なぜなら、「因果性テーゼ」は「経験的な一般化」であるからです。したがって、結局のところ「青の欠けた色合い」は「第一原理」を「変更するに及ばない」ことになります。

ところで、ヒュームは『人間知性研究』で私たち人間が推論し探求しうることを「観念の関係」と「事実の問題」に二分しています(E 4.1.1-2)。もちろんこの二分法は『人間本性論』にも出てきます(T 1.3.1.1; T 1.3.11.2; T 2.3.3.2; T 3.1.1.18)。そこで、彼の二分法に照らして「類似性テーゼ」と「因果性テーゼ」を見（直し）ておきましょう。というのも、私たちは彼の「第一原理」をまさに推論し探求しているからです。――なお、彼の「観念の関係」と「事実の問題」の区分は、ライプニッツの「理性の真理」と「事実の真理」の区分に並んで、カント（以降）の「分析的真理」と「綜合的真理」の区分の先駆と見なされます（cf. Quine 2001, 20）。

まず、「観念の関係」から知られることは「直観的か論証的に確実である」（E 4.1.1）、といえます。なぜなら、それは「観念の比較のみに依存する」（T 1.3.1.2）からです。たとえば、三角形の内角の和が二直角に等しいことは、そこに含まれる諸観念の関係から明らかにされるので、「私たちの観念が同じであれば、変わりえない」（T 1.3.1.1）わけです。だから、そうでないことは、「矛盾を含意し、（…）けっして判明に思考されえない」（E 4.1.2）ことになります。つまり、私たちの「想像では、論証に反することは、思考することができない」（T 1.3.7.3）のです。

こうした「観念の関係」の特徴は明らかに「類似性テーゼ」に見いだせます。すでに述べたように、「対応する観念のない単純印象」や「対応する印象のない単純観念」は、ヒューム（の経験論的な知覚論）においては整合的な「類似性テーゼ」の反例になりません。なぜなら、それらの知覚はどちらも、そこで整合的に考えようとすると、それ自体の定義と矛盾し、思考できなくなってしまうからです。単純な印象と観念が類似することは、そこに含まれる「印象」の定義や「観念」の定義などが同じであれば、けっして変わりません。だから、単純な印象と観念の類似性は「観念の関係」から知られる関係です。つまり、「類似性テーゼ」は印象の観念や観念の観念などの関係から明らかになるのです。《ところで、「印象の観念や観念の観念」（T 1.3.8.17）はあるでしょうが、印象の印象や観念の印象はあるのでしょうか？》

だが、「事実の問題」についての真偽は、観念（や定義）を考えるだけでは、けっしてわかりません。「事実の問題」としてわかることは、そこに含まれる「観念に何の変化がなくても、変わりうる」（T 1.3.1.1）からです。もちろん私たちは「観念の関係」と「事実の問題」をどちらも知ろうとするでしょう。しかし、それらの真偽はどちらも同じように探求されるわけではありません（E 4.1.2）。「観念の関係」について知ることと「事実の問題」について知ることは異なります。そのため、前者についてわかることは知識（knowledge）や確実性（certainty）と見なされますが（T 1.3.1.2）、後者についてわかることは立証（proof）や蓋然性（probability）と見なされます（T 1.3.11.2）。また、それゆえに、「どんな事実の問題の反対もなお可能である」（E 4.1.2）ことになる。つまり、「事実の問題」として知ることには（思考）可能な反例があることになる。なぜなら、それに反することは、「（…）けっして矛盾を含意しえないし、まるで現実に適合するのと同じような容易さと判明さをもって精神に思考される」（E 4.1.2）からです。

すると、「因果性テーゼ」が「事実の問題」であることは明らかでしょう。なぜなら、それは二つの経験的な証拠から導かれるからです。つまり、印象と観念が恒常的に連接することと、印象が観念に時間的に先行することから、「因果性テーゼ」は立証されます。印象（の観念）や観念（の観念）を考えるだけでは、印象が観念の原因であることはわかりません。というのは、「因果性テーゼ」には「青の欠けた色合い」に読み取れるような反例が（思考）可能だからです。たとえば、観念は対応する印象に先行して想像されるかもしれません。また、その後ずっと対応する印象が経験されなければ、観念に印象が連接しないことになるかもしれません。

そもそも、ヒュームによれば、私たちの推論や探求は七つの哲学的な関係の観点から為されるが（T 1.1.5.2）、それらのうち類似性と因果性はそれぞれ「観念の関係」と「事実の問題」に割り振られます（T 1.3.1.2; T 1.3.2.1）。——なお、彼の哲学的な関係には、類似性、反対、性質の程度、量や数の比、同一性、時間と空間の関係、因果性がありますが（T 1.1.5.3-10; T 1.3.1.1）、前の四つは「観念の関係」と見なされ（T 1.3.1.2）、後の三つは「事実の問題」と見なされます（T 1.3.2.1）。——すると、やはり彼の「第一原理」に含まれる「類似性テーゼ」と「因果性テーゼ」はそれぞれ「観念の関係」と「事実の問題」と見るべきである、といえます。そして、それゆえに、やはり「青の欠けた色合い」は「類似性テーゼ」の（思考）可能な反例ではありません。「観念の関係」として知られることの反例は、（含まれる観念が同じなら、）矛盾を含意するため、そもそも（思考）可能でなくなるからです。そうではなくて、「青の欠けた色合い」は「因果性テーゼ」の（思考）可能な反例です。「因果性テーゼ」は、「事実の問題」であるのだから、むしろ反例が（思考）可能でなければならないのです。

第3章

何かが可能であるとはどういうことか？

——思考と経験の可能性

本章では可能性について考えてみたいと思います。前章で見たように、私たちが知りうることは、それの否定が（思考）可能であるかどうかによって、「観念の関係」と「事実の問題」に分かれます。とはいえ、そもそも、何かが可能であるとは、どのようなことなのでしょうか。なるほど、観念の原因が類似の印象であるのなら、どのような観念の思考が可能であるのかは、たしかに印象の経験に依存するかもしれません。しかし、そうだとしても、そもそも経験の可能性はどうなってい るのでしょうか。私たちには一体どのような印象の経験が可能であるのでしょうか。思考でないことは、本当に経験できないのでしょうか。私たちにはどうして経験があるのでしょうか。どうして経験が可能なのでしょうか。

思考可能性の原理

私たちはいわゆる「思考可能性の原理」を踏まえて「観念の関係」と「事実の問題」を分けてきました。というのは、私たちの知りうることが「事実の問題」であるなら、それに反することは、矛盾なく思考できるので、可能であるからです。とはいえ、私たちが思考できることは本当に何でも可能なのでしょうか。本当に「私たちが想像できることは何であれ絶対的に不可能なわけではない」(T 1.2.8) のでしょうか。あるいは、私たちの知りうることが「観念の関係」であるなら、それに反することは、矛盾を孕むので、思考できませんが、思考できないことは、本当に不可能なのでしょうか。私たちが考えられないことは、けっして起こりえないのでしょうか。

また、私たちが「分離可能性の原理」によって単純な知覚を考える際にも、実は「思考可能性の原理」が働いています (cf. Gendler and Hawthorne, 2002, 21)。まず、ヒュームは、「異なる対象はすべて (…) 思考や想像で分離できる」(T 1.1.7.3) が、このことの「逆もまた真である」(ibid.) ので、「(思考や想像で)分離できる対象はすべて (…) また異なる」(ibid.)、と述べています。これが彼の「分離可能性の原理」です。しかし、ここで言われる二つのことのうち、「思考可能性の原理」が直に働くのは明らかに後の方です。というのは、前の方で言われているのは、(異なる対象の) 分離が思考できることに他ならないからです。そうではなくて、「思考可能性の原理」では、何かが思考できることから、それが可能であることが言われなくてはなりません。

もちろん、前に言われていることが間違っているわけではありません。私たちは異なる対象の分離をたしかに思考できるでしょう。たとえば、(なぜか私たちの身の回りには複雑なものばかりが溢れていますが、) 私たちが白い大理石の球を見るとき受け取るのは、丸い白の印象でしかありません (T 1.1.7.18)。しかし、私たちは、それと他の黒い球や白い箱などを比べ、それらを異なる相から眺められるようになると、色と形が異なることがわかってきます（ibid.）。このことから、色と形の分離が思考できる、といえるのは、一見して明らかではないでしょうか。たとえば、○と●を比べれば、○の白色は（丸型の）●にありませんが、●の黒色は（丸型の）○にありません。あるいは、○と□の色を比べれば、○の丸形は（白色の）□にありませんが、□の箱形は（白色の）○にありません。すると、ここには色と形の分離が印象で実現しているのではないでしょうか。つまり、色の異なる同じ形や形の異なる同じ色を見れば、そこには色と形の分離が印象で経験できるわけです。そして、印象で経験できることが観念で思考できることは、まったく明らかであるでしょう。というのは、（思考される）観念は、（経験される）印象を再現するからです（T 1.1.1.12）。また、第1章で書いたように、印象（の内容）は今ここに現前する現実に他なりません。しかし、そもそも可能でないことが、どうして現実になりうるでしょうか。印象の経験が実現していることは、そもそも観念の思考が可能であったのでなければなりません。

では、後に言われていることはどうでしょうか。つまり、分離して思考できることは本当に異なるのでしょうか。もちろん、この「分離可能性の原理」が正しいかどうかは、「思考可能性の原理」が正しいかどうかにかかっています。たとえば、知覚の分離について、ヒューム自身は次のように述べています。すなわち、「（…）私たちのすべての知覚は、（…）分離して存在すると考えられ、［それゆえに］分離して存在しうる（…）」（T 1.4.5.5）、と。このことを支えるのは「思考可能性の原理」です。つまり、彼がそのように論じるのは、「明晰に思考されることは存在しうる、そして、ある仕方で明晰に思考されることは、その同じ仕方で存在しうる」(ibid.) からです。しかし、この「思考可能性の原理」自体は本当に正しいのでしょうか。たしかに彼自身はそれを「すでに承認されている原理」(ibid.) と見なしています。でも、どうして「思考可能性の原理」はそんなに信頼されるのでしょうか。

もちろんそれは当時すでに広く受け入れられた原理であったのかもしれません。たとえばデカルトの「第六省察」では「思考可能性の原理」を使って有名な心身二元論が論じられています。

> (…) 私は、一方で、私がただ思惟するものであって延長をもつものでないかぎりにおいて、私自身の明晰で判明な観念をもっているし、他方では、身体がただ延長をもつものであって思惟するものでないかぎりにおいて、身体の判明な観念をもっているのであるから、私が私の身体から実際に分かたれたものであり、身体なしに存在しうることは確かである。(デカルト 2006, 116-117)

すると、ヒュームの言うように、たしかに、「精神が明晰に思考することは何であれ可能的な存在の観念を含むこと、換言すれば、私たちが想像できることは何であれ絶対的に不可能なわけではないことは、形而上学で確立された原則である」(T 1.2.8) のかもしれません。

そして、そのような深く根付いた原則には、――教育や嘘が反復によって盲目的な信念を生み出すように（T 1.3.9.19）、――習慣から生じる同意が伴われるのかもしれません（cf. Baxter 2008, 15）。なぜなら、「私たちが幼少の頃から慣れ親しんでいる意見や物事の考え方は、とても深く根付いているので、（…）私たちには根こそぎにすることはできない」（T 1.3.9.17）からです。すると、「思考可能性の原理」は、すでに先人たちによって伝統的に確立されてきたので、もはや私たちには拒否し難いほどに承認されているのかもしれません。

可能性の観念

明らかにヒュームは「思考可能性の原理」を信頼しています。たとえば彼の有名な因果論でもそれは援用されています。

原因と結果の観念は明らかに異なるので、私たちは、ある対象が、この瞬間には存在しないが、それと別の原因の観念（…）を結び付けることなしに、次の瞬間には存在する、と容易に思考することができるだろう。それゆえに、〔何かが〕存在し始めることの観念から原因の観念を分離することは、想像にとって明らかに可能であって、したがって、これらの対象の実際の分離が、矛盾や不合理を含まなければ、可能である（…）。（T 1.3.3.3）

もちろんここで直に使われているのは「分離可能性の原理」です。しかし、すでに見てきたように、それが「思考可能性の原理」に支えられているのは明らかです。

また、第5章で詳しく見ていきますが、彼が論じる「帰納の問題」でも「思考可能性の原理」は決定的な役割を果たしています。もし仮に「自然の歩みが常に斉一的に同じであり続ける」(T 1.3.6.4) ことが確実であるなら、私たちの帰納的な推論や信念には合理的な根拠があることになるでしょう。しかし、そのような「自然の斉一性 (the uniformity of nature)」は、彼によれば、「観念の関係」としてわかることでなく、「事実の問題」としてわかることです。というのは、もちろん「私たちは少なくとも自然の歩みの変化を思考することができる」(T 1.3.6.5) からです。そして、「私たちが思考することは何であれ (…) 形而上学的な意味では可能である」(A 11) わけです。

さて、彼がそれほどに「思考可能性の原理」を信頼し利用するのは、たしかにそれが習慣的に確立された原理であったからかもしれません。しかし、さらに言えば、それは彼の「第一原理」に適うもので (も) あるので、彼にはそれが使い易かったのかもしれません。

たとえば彼は必然性の観念については次のように書いています。

(…) 二の二倍を四に等しくする必然性や、三角形の三つの角を二直角に等しくする必然性は、私たちがこれらの観念を考察し比較するところの知性の作用にのみ依存する。同じように、原因と結果を結び付ける必然性（…）は、一方から他方へと移行する精神の決定に存する。原因の効力や活力は、原因それ自体や神に委ねられるのではなく、（…）過去のすべての事例で二つかそれ以上の対象の結合を考察する心にまったく属するのである。（T 1.3.14.23）

彼の「第一原理」によれば、（本当の）観念は対応する印象を原因とするので、私たちが必然性の観念をもっているのなら、それは何らかの印象から生じていなければなりません。しかし、それを生むのは、感覚の印象ではなく、反省の印象です。すなわち、必然性の観念は私たちの心が決められる感じの印象に由来する、というわけです。

すると、可能性の観念についても同じようなことがいえるのではないでしょうか（cf. Gendler and Hawthorne 2002, 15）。というのは、もちろん必然性と可能性が互いに（否定を通して）絡み合っているからです。たとえば、「Pであることが必然である」ということは「Pでないことが可能でない」ということです。だから、三角形の内角の和が二直角に等しくないことは可能でありません。また、「Pであることが可能である」ということは「Pでないことが必然でない」ということです。だから、自然の歩みが常に斉一的であることは必然ではありません。

では、一体どんな印象が私たちに可能性の観念を与えるのでしょうか。この問いにヒューム自身は答えていません。しかし、ここで彼の「思考可能性の原理」への信頼を斟酌するなら、可能性の観念を生むのは、私たちの心が自由に考えられる感じの印象である、といえるのではないでしょうか。もしそのようにいえるなら、「思考可能性の原理」は彼の「第一原理」とまったく整合的であることになるでしょう。というのは、そのときには、私たちの思考や想像が自由である感じの印象から、実際の可能性の観念が生じていることになるからです。

経験の可能性

私たちが思考するのはもちろん観念です。では、観念の思考が可能であると、実際に何が可能になるのでしょうか。印象と観念の二元論に鑑みれば、それが私たちの経験する印象であることは明らかです。すると、ヒュームが信頼する「思考可能性の原理」では、観念の思考が可能であることは、印象の経験が可能である、と言われていることになります。

このことは「第一原理」に含まれる「類似性テーゼ」にも読み取れます。たとえば、「青の欠けた色合い」では、ある青の色合い観念が、対応する印象の経験に先立って、想像されます。しかし、その青の色合いの印象は、――実際に誰も見ることがないとしても、――経験が可能でなければなりません。さもなければ、正しい青の色合いの観念が想像されたことにならないからです。つまり、その色合いの観念が思考できるなら、それに対応する同じ色合いの印象が経験できなければなりません。ここには明らかに「思考可能性の原理」が働いています。

とはいえ、観念の思考が可能なことだけが、印象の経験が可能なのでしょうか。そんなはずはありません。なぜなら、もしそうであるとしたら、私たちには新たな（単純）印象を経験する可能性がなくなってしまうからです。《あるいは、あらゆる（単純）印象はすでに誰かに経験されているのでしょうか？》たとえば私はパイナップルを食べる前にパイナップルの味を思い浮かべることはできませんでした（cf. T 1.1.1.9）。しかし、もちろん私はそれを食べたときにはパイナップルの（単純な？）味を経験することができました。でも、そのような経験が可能だったのは、そのような思考が可能だったからなのでしょうか。たしかに他の人はすでにそれを味わっていて思い出すことができたでしょう。すると、他の人がそれを想起できたから、私はそれを経験できたのでしょうか。そんなはずはありません。誰もそれを想起できなくても想像できなくても、私はそれを経験できたはずです。さもなければ、世界で初めてパイナップルを食べた人はどうやってそれを味わったのでしょうか。《あるいは、あらゆる（単純）観念はすでに誰かに思考されているのでしょうか？》私たちは思考できることだけが経験できるわけではありません。これまでは誰にも思考できなかったことが、これからは誰かに経験されるかもしれません。

それゆえに、観念の思考ができることは、印象の経験ができる、とはいえますが、観念の思考ができないことは、印象の経験ができない、とはいえません。しかし、もちろん、「観念の関係」から知られることの否定は、そもそも思考さえできないので、経験もまたできそうにありません。――あるいは、もし仮にそのようなことが印象として起こったとしても、そのようなことを観念として捉えることが私たち（の心）にはできないので、前章で見たように、そもそも元の印象から無かったことになってしまいます。――たとえば、内角の和が二直角に等しくない三角形は、まったく経験できそうにないでしょう。

とはいえ、そのようなことの思考（と経験）が可能でないのは、そこに矛盾が含意されるからに他なりません。矛盾についてヒュームは次のように書いています。すなわち、「精神に明晰に思考されることに矛盾を探しても無駄である」（T 1.2.4.4）が、「それが矛盾を含意するなら、それはけっして思考されえない」（ibid.）、と。すると、彼にとっては、そこに矛盾があるかどうかが、それの思考（や経験）が可能かどうかの目印になるわけです（cf. Garrett 2008, 54）。また、それゆえに、彼の「思考可能性の原理」が言い及ぶのは、論理的な可能性であることになります（cf. Gendler and Hawthorne 2002, 4）。つまり、矛盾のために観念の思考ができないことは、論理的に印象の経験ができないわけです。

たしかに矛盾は思考（不）可能性の目印になるでしょう。しかし、矛盾は複雑な知覚にしか起こりえません。というのは、何かと何かの間にしか矛盾は生じないからです。だから、単純な知覚には矛盾はありません。単純な知覚はそれ自体では矛盾しません。しかし、複雑な知覚が単純な知覚から成るのなら、そもそも単純な知覚の可能性は一体どうなっているのでしょうか。

もちろん単純な知覚についても「思考可能性の原理」は成り立ちます。つまり、観念が思考できる単純なことは印象が経験できるでしょう。なぜなら、「類似性テーゼ」は「観念の関係」から知られるからです。しかし、単純な知覚については「思考不可能性の原理」は成り立ちません。というのは、すでに先に見たように、これまでは思考できなかったことだって、これからは経験できるかもしれないからです。すなわち、私たちには、誰も印象を経験したことがないために、端的に欠如している単純な観念があるでしょう。すると、そんな観念を想像することはもちろん誰にもできません。しかし、そんな観念が想像できないことで、そんな印象が経験できなくなるわけではありません。

　たとえば、私たちの中で、火星の大気の匂い（の印象）を嗅いだことがある人はいないでしょう。だとすれば、そのような匂い（の観念）を思い抱けるはずはありません。しかし、それが想像できないからといって、それが経験できないとは言い切れません。あるいは、トリケラトプスの鳴き声（の印象）を聞いたことがある人はいません。だから、それがどのような鳴き声（の観念）であるのか、思い出せる人はいません。――たしかに、私たちが聞いたことのある生き物の声を基に何らかの声を考えることはできますが、そのような声の観念はトリケラトプスの鳴き声の印象から生じたわけではありません。――しかし、もし仮に白亜紀後期に人類がいたのなら、やはりトリケラトプスの声（の印象）は聞こえたにちがいありません。《とはいえ、そもそも、一億年前にトリケラトプスがいたということは、どういうことなのでしょうか？　そんな過去が在ったなんてことが、（もう無いのに、）どうしてわかるのでしょうか？》

　ようするに、実際には思考できないことでさえ、原理的には経験できることがある。さもなければ、そもそも経験（論）が可能でありません。もちろん、どんな単純印象にも最初に経験する人がいるはずです。しかし、私たちには新たな単純印象を経験する可能性が開かれているはずです。すなわち、原理的に経験可能な単純印象の領域は、実際に思考可能な単純観念の領域を超え出ていなければなりません。私たちには、実際に思考できないことだって、原理的には経験できるのでなければなりません。さもなければ、どうして私たち人間に新たな経験が可能なのでしょうか。

印象の原因

とはいえ、単純な印象が経験できる原理的な可能性とは、一体どのような可能性なのでしょうか。もちろん、どんな印象が原理的に経験可能であるのか、私たちには知る由もありません。原理的に経験可能な印象の領域は、実際に思考可能な観念の領域に限られないからです。にもかかわらず、私たちには新たな印象の経験が可能であるはずです。では、一体どうして私たちは新たな印象を経験できるのでしょうか。

たとえば『人間本性論』では印象の原因について次のように書かれています。

印象は「感覚」の印象と「反省」の印象の二種類に区分できる。第一の種は、知られない原因

(unknown cause) から、原初的に心に生じる。第二の種は、主に観念から、次のような順序で生じる。ある印象が感覚を打つと、熱さや冷たさ、渇きや飢え、ある種の快楽や苦痛などを私たちに知覚させる。この印象のコピーが精神によって作られ、それはその印象がなくなった後にも残る。これを私たちは観念と呼ぶのである。この快や苦の観念が、心によみがえるとき、新たに欲求と嫌悪や希望と恐怖の印象を生む。これらは、反省から派生するので、反省の印象と呼ばれるのが適当であろう。さらに、これら〔の印象〕は、記憶や想像にコピーされて、観念となるが、今度はそれらがおそらく他の印象や観念を引き起こす。それゆえ、反省の印象は、対応する観念にだけは先行するが、感覚の印象には後続し、それらから派生するのである。(T 1.1.2.1)

ようするに、二つの印象の間には、——活気の程度の相違でなく、——原因の相違があります。すなわち、感覚の印象は「知られない原因から(…)生じる」が、反省の印象は「主に観念から(…)生じる」、といえます。——なお、反省の印象は感覚の印象から直接に生じることもあります(T 2.1.1.1)。——私たちの経験はこのようにして原因の違いから二分されるわけです。たとえば、——第1章で見たように、——視覚や触覚など(の経験)は感覚の印象ですが、愛憎や悲喜など(の経験)は反省の印象です。

とはいえ、「知られない原因から(…)生じる」のは感覚の印象だけでしょうか。もしかしたら、少し見方を変えれば、反省の印象もまた「知られない原因から（…）生じる」、といえるのではないでしょうか。あるいは、反省の印象の原因を他の（感覚の印象や）観念に辿ることができるなら、感覚の印象の原因もまた他の知覚に辿ることができるのではないでしょうか。

これらの問いはヒューム自身が考えていることではありません。そうではなくて、これらは印象の原因について私が彼に投げかけてみたい問いです。というのは、――少し開き直って言ってしまえば、――ここで私は彼の哲学を解釈できるほど理解できていないからです。しかし、彼をわからないからこそ、彼に問いかけてみたくなります。すなわち、ここでは、彼を解釈するのではなく、彼と対話してみたくなります。

ところで、ヒュームによれば、（身体的な）快楽や苦痛の印象は、反省の印象でなく、感覚の印象です（T 2.1.1.1）。というのは、快楽や苦痛の印象は「心または体に原初的に生じる」（T 2.1.1.2）からです。しかし、欲求や嫌悪のような反省の印象が、快楽や苦痛の（印象や）観念から生じる、といえるのなら、どうして同じように、快楽や苦痛のような感覚の印象は、たとえば味や香のような（印象や）観念から生じる、といえないのでしょうか。

たとえば、おいしいシングルモルトを飲んだときに、ある種の快楽の印象が生じたとします。また、その快楽の観念が後に思い出され、その快楽を欲求する反省の印象が生じたとします。すると、たしかに、その欲求の印象が生じた原因はその快楽の（印象や）観念である、といえます。すなわち、反省の印象はたしかに感覚の（印象や）観念から生じています。

でも、その快楽の印象が生じた原因は何なのでしょうか。それはもちろんウイスキーの味や香の印象ではないでしょうか。すなわち、その快楽の印象は、感覚の印象ですが、「知られない原因から」生じたわけではなく、その味や香のような他の感覚の印象から生じたのではないでしょうか。さらに、その味や香の印象が生じた原因も同じように他の知覚に辿ることができるでしょう。たとえば、大麦の発芽に用いる水、麦芽を乾燥するのに焚く泥炭、麦汁を発酵させる酵母や時間、蒸留器の形や蒸留の回数、本留液を熟成させる樽や熟成の期間などが、そうした味と香りを生んだ原因である、と。

もちろん、私はここで、彼の知覚論を離れて、大麦や蒸留器や樽のような外的な物が、味や香のような感覚の原因である、と言いたいのではありません。そうではなくて、他の諸知覚の（事象）内容を辿るなら、反省の印象の原因はもちろん、感覚の印象の原因でさえ、知ることができるのではないか、と彼に聞いてみたいのです。たしかに、反省の印象である欲求は、快楽のような感覚の知覚から生じる、とはいえるでしょう。しかし、だとすれば、感覚の印象である快楽は、味や香のような感覚の知覚から生じる、ともいえるのではないでしょうか。また、さらに味や香のような印象でさえ、それらを作る原料や工程の知覚から生じる、とはいえないのでしょうか。このような問いかけに彼はどのように答えてくれるでしょうか。

なるほど、もしかしたら、そのようにして知ることができるのは、やはり印象が生じる原因ではないのかもしれません。というのは、そのような原因と結果の関係はいわば観念のレベルでも保たれるからです。たとえば、ある味と香から生じた快楽がそれへの欲求を引き起こすことは、もちろん、――「事実の問題」であるので、――印象レベルで（恒常的に）経験されなければなりません。しかし、そのようなことはそのまま（記憶の）観念に写し取れる関係です。なぜなら、印象と観念は（事象）内容を共有しうるからです。印象の経験が可能な（事象）内容は、観念の思考が可能でなければなりません。それゆえに、そのような知覚の（事象）内容についての原因と結果の関係は、観念レベルでも思考されなければなりません。

ようするに、（事象）内容の異なる他の知覚を辿るなら、知覚の（事象）内容について原因や結果を知ることができるでしょう。しかし、そのようにしたところで、ある（事象）内容の印・象・が生じる原因は、まったくわかりません。なぜなら、（事象）内容についての因果関係は、知覚が印象であろうと観念であろうと、同じように成り立っていなければならないからです。でも、印象それ自体の原因は何なのでしょうか。どうして、ある（事象）内容が印象になるのでしょうか。

ところで、印象を印象たらしめているのは、その活気（の程度）に他なりません。すなわち、ある知覚が印象であるのは、そして、その（事象）内容が現前する現実であるのは、それがもっとも生き生きとしているからです。だが、一体どうして印象はそれほどに生き生きとしているのか。印象の活気はどこから来るのでしょうか。なぜ今ここに現実が経験されるのでしょうか。

さて、これらの問いは私には答えられません。しかし、彼なら、どのように答えるでしょうか。もし彼にも答えられないのなら、もしかしたら、これ（ら）こそが私たちに「知られない原因」であるのかもしれません。たしかに彼は感覚の印象については次のように述べています。すなわち、感覚の印象の「(…)究極的な原因は人間の理性にはまったく解明されえない」(T 1.3.5.2)、と。なぜなら、「それらが、対象から直接に生じるのか、それとも、精神の創造的な力によって生み出されるのか、それとも、私たちの存在の創造主から生まれるのかを、確実に決めるのは、常に不可能であるだろう」(ibid.)からです。しかし、同じことは反省の印象についてもいえないでしょうか。

たしかに、感覚の印象については、本当の原因が何なのか、実はよくわかりません。たとえば、私たちがチョコレートを食べて快く感じる原因は、一方では、チョコレートという対象である、ともいえるでしょうが、他方では、私たちの心の作用である、ともいえるでしょう。というのは、それらのうち、どちらが欠けても、おそらく快くは感じないからです。あるいは、そもそも一切は神の御業であるのかもしれません。すると、私たちが現に快く感じる原因はやはり神の意志にあるのでしょうか。これらのうち、一体どれが本当の原因であるのか、私たちにはわかりそうもありません。

しかしながら、同じことは反省の印象についてもいえるでしょう。たとえば、そうした快楽を欲求する反省の印象は、体内や脳内の何らかの物質(の状態)から生じるのか、それとも、そのときの快楽が忘れられない心(の状態)が生み出すのか、それとも、やはり神の意志によって生まれるのか、私たちには決められそうにありません。

もちろん、知覚の(事象)内容に目を向ければ、その欲求の原因はその快楽である、(そして、その快楽の原因はチョコレートである、そして、そのチョコレートの原因は原料や工程である、）といえるでしょう。でも、その欲求が、観念でなく、印象になるのは、なぜでしょうか。どうして何かが印象になるのでしょうか。

印象を印象たらしめるのは（最高度の）活気です。そして、印象の活気は観念に分け与えられます（T 1.3.8.2）。たとえば、それらの間に因果関係があるときには、「現前する印象は（…）任意の〔信念の〕観念を活気付ける」（T 1.3.8.7）でしょう。すると、信念の活気の原因は印象の活気である、とはいえそうです（cf. T 1.3.8.8）。また、記憶が「（…）元の〔印象の〕活気の程度を相当に保持している（…）」（T 1.1.3.1）のなら、記憶の活気の原因は印象の活気である、ともいえるでしょう。しかし、そもそもの印象の活気の原因は何なのでしょうか。たしかに観念の活気の原因は印象の活気であるかもしれません。しかし、印象の活気それ自体は一体どこから来るのでしょうか。

なるほど、もし仮に何らかの印象が常に現前するのなら、ある印象の活気はまた別の印象へと受け継がれるのかもしれません。すると、現前する印象の活気の原因は前の印象なのでしょうか。でも、それは一体どこまで遡っていくでしょうか。つまり、そもそも最初の印象の活気はどうして生じたのでしょうか。また、現前する印象の活気は本当に次の印象に引き継がれるのでしょうか。たとえば印象の活気が無くなることはないのでしょうか。どうして印象の活気は在り続ける（といえる）のでしょうか。

あるいは、そもそも印象の原因は観念であるかもしれません。なぜなら、たとえば欲求の印象は快楽の観念から生じるからです。しかし、どうしてそれが印象になれるのでしょうか。それを印象にする活気はどこから来るのでしょうか。

印象と因果

観念の思考が可能であることは、印象の経験が可能である。これがヒュームの「思考可能性の原理」でした。しかし、観念の思考ができないことは、印象の経験ができない、とは言い切れません。なるほど、矛盾するために観念の思考ができないことは、たしかに印象の経験もできそうにありません。《あるいは、矛盾の経験さえ実は可能なのでしょうか？》しかし、印象の経験がないから、観念の思考ができない、ということがある。なぜなら、「(…) 私たちの観念は生得的でない」(E Foot.1) からです。とはいえ、経験の欠如による思考の不可能性は、もちろん経験の不可能性を含意しません。すなわち、私たちは、思考できないことでさえ、経験できるのでなければなりません。さもなければ、そもそも経験（論）が可能でなくなります。

したがって、先ずもって何らかの（単純な）印象が可能でなければなりません。この意味で「(…) 私たちの印象はすべて生得的である (…)」(ibid.) わけです。でも、どうして何かが印象になるのでしょうか。この問いに私たちはどのように答えればよいでしょうか。まず、私たちは、それが他の何かから生じたのか、答えることはできそうです。そのためには他の知覚の（事象）内容に目を向ければよいでしょう。たとえば、私の両足には軽い疲労感がありますが、それが何から生じたのか、と聞かれれば、それは昨日のランニングから生じた、と答えられます。つまり、私たちは諸知覚の（事象）内容の間に原因と結果の関係を見いだせます。だが、ランニングが疲労感の原因であることは、疲労感が印象であることの原因ではありません。それが印象になった原因は知覚の（事象）内容には見いだせません。では、なぜそれが活気溢れる印象になったのか、これに私たちは答えられるでしょうか。もしかしたら、これには答えられないのかもしれません。つまり、何かを印象たらしめる活気（の程度）は私たちには「知られない原因から（…）生じる」のかもしれません。

ところで、このように、諸（事象）内容間に見られる因果（関係）と、印象を活気付ける因果（力）を分けることは、因果性それ自体に関する二つの説を思い起こさせるかもしれません。まず、前者の因果（関係）を探ることは、――つまり、それが他のどんな（事象）内容から生じたのかを探ることは、――いわゆる因果の規則性説と高い親和性があるでしょう。というのは、原因と結果の規則的な関係はまさに知覚の（事象）内容に見いだされるからです。また、後者の因果（力）を探ることは、――つまり、それがなぜ活気溢れる印象になったのかを探ることは、――もしかしたら因果の実在論を彷彿させるかもしれません。なぜなら、何かを活気付けて印象にする力は、どこにも見いだせないが、信じられるかもしれないからです。

たしかに、そもそもヒューム自身の因果論がどちらの説にも解釈できてしまうのかもしれません。まず、彼の因果論の公式的な見方は長い間ずっと規則性説でした (Psillos 2012, 132)。というのは、彼によれば、原因と結果の関係にある（といえる）物事の間に見いだせるのは、次の三つの関係だけであるからです。第一に、原因と結果は空間と時間で隣接します (T 1.3.2.6)。第二に、原因は結果に時間的に先行します (T 1.3.2.7)。第三に、原因と結果は恒常的に連接します (T 1.3.6.3)。すると、（純粋な）規則性説によれば、これら三つの（因果的でない）関係が因果（的な規則性）を構成するのだから、（規則性を生み出すような）因果的な（産出）力や必然性（の説明）は不要であることになる (ibid.)。すなわち、私たちは、それ以上の余分な力などを持ち出さなくても、知覚の（事象）内容において因果（の規則的な）関係を十分に知りうるわけです。

だが、物事の規則性が因果の本質でしょうか。たとえば昼は夜の原因（といえる）でしょうか。そうではなくて、物事を規則的にしている（力のような）何かこそが、むしろ因果（の本質）なのではないでしょうか (Strawson 2003, 84-85; cf. Psillos 2012, 134)。因果の実在論はこのように考えます。たしかにそのような力は知覚の（事象）内容に見いだせません。すなわち、「［因果的な］力能や効力を含む印象を私たちはけっしてもたない」(T 1.3.14.11) でしょう。しかし、それでもなお、「自然には私たちの感覚に直接到来しない実在の力が存在する」(Wright 1983, 129)、と信じることはできるのではないでしょうか。そして、彼の因果論は、実在論と解されるなら、まさにそれを狙っているのかもしれません (cf. Coventry 2008, 107; 矢嶋 2012, 135)。すると、いわゆるニュー・ヒューミアンたちがそうするように、彼の因果論は、認識論的には懐疑論であるが、存在論的には実在論である、といえるかもしれません（cf. 矢嶋 2012, 136）。すなわち、因果的な力は、認識論的には知覚の（事象）内容に見いだせませんが、存在論的には実在を信じられるかもしれません。ヒュームは、知覚の（事象）内容には規則的な因果（関係）を見いだしますが、外界に実在する因果的な力を信じるのかもしれません（Strawson 2007, 33）。

さて、これらのうち、前者の組み合わせはたしかに互いによく馴染むでしょう。というのは、ある（事象）内容が生じたことを規則性説はうまく説明できるからです。つまり、それに恒常的に隣接し先行する他の何らかの（事象）内容こそが、それが生じた原因である、と。

だが、後者の組み合わせには齟齬があると思われます。なぜなら、因果の実在論が唱えるのは、印象の活気を生む力ではなく、物事の規則性を生む力であるからです。たしかに、印象の活気がそうであるように、物事の規則性もまた私たちに「知られない原因から（…）生じる」、とはいえるでしょう。なぜなら、それらを生じさせる力はどちらも知覚の（事象）内容に現れないからです。しかし、印象を活気付ける力は明らかに物事を規則的にする力ではありません。つまり、活気溢れる印象が規則的であるとはかぎりません。そして、規則的な物事が印象であるとはかぎりません。ようするに、因果の実在論が唱えるのは、何かを規則的にする力であって、何かを活気付ける力ではありません。だから、どちらか一方の力だけが働くのなら、規則的なことに活気がないことや、活気溢れる不規則なことが、生じるかもしれません。

また、因果の実在論者は、規則的にする力が実在する、と信じるのかもしれませんが、ここで私は、活気付ける力が実在する、と信じているわけではありません。つまり、私はここで印象の活気の原因について存在論的に実在論者であるわけではありません。もちろん認識論的には懐疑論者であるべきでしょう。しかし、一体どうしたら活気付ける力の実在を信じることができるのでしょうか。あるいは、むしろ存在論的にも懐疑論者であるべきでしょうか。すなわち、印象の活気の原因は、認識論的に知られないだけでなく、そもそも存在論的に無いのかもない、と。

第4章

私たちはどのように帰納しているのか？

――帰納と因果

なぜ印象が生じるのか、私たちにはわかりません。しかし、私たち（の心）には、なぜか印象が現れます。そして、だからこそ、私たちは今ここに現実を経験するわけです。けれども、今ここの経験だけが現実ではありません。たとえば私たちは現前しない現実を帰納することできます。つまり、経験していない現実は、経験している現実から、推論することができます。ですが、帰納には問題があります。それを哲学史上もっとも決定的に論じたのはもちろんヒュームです。そこで、本章では、彼の経験論的な知覚論を基に帰納の構造と機構を捉え（直し）、帰納がどのように為されるのかを見ていきます。また、彼の因果論を瞥見し、因果と帰納の関係を考察します。

帰納の定式化

私たちが帰納で推論するのは、経験していない現実です。だから、私たちが、今ここで経験する現実や、過去に経験した現実は、——ときに誤ることや忘れることはありますが、——帰納的な推論で知られるわけではありません。たとえば、自分が、今立っているのか座っているのかを知るために、あるいは、昨晩何を食べたのかを知るために、推論が必要になることは（普通は）ありません。なぜなら、このようなことは（印象の）経験や記憶（の観念）から（普通は）直に捉えられるからです。

しかし、このような直接の経験を越えて、何かを知ろうとするなら、そこでは帰納が為されることになる。たとえば、私たちは、帰納的に推論することで、白亜紀の地球がどうだったのかを窺い知ることができます。あるいは、明日になる前に、明日の天気が晴れるかどうかを予め知ることができます。もちろんそのような帰納的な信念は必ずしも正しいとはかぎりません。しかし、私たちは、現前しない現実を知るためには、帰納に頼らざるをえないでしょう。

ところで、私たちの経験は明らかに個別的なことですが、私たちが帰納するのは、個別的なことなのでしょうか、それとも、一般的なことなのでしょうか。たとえば、帰納的に推論される白亜紀の地球や明日の天気は、個別的なのでしょうか、それとも、一般的なのでしょうか。もちろん、ヒューム（の経験論）によれば、「抽象観念は、その代表の働きがどれほど一般的になろうと、それ自体は個別的なものである」（T 1.1.7.6）ので、帰納的な信念も個別的な観念であることになります。しかし、彼（の経験論）を離れるなら、——あるいは、「ある特定の名辞と結び付いた個別的な観念」（T 1.1.7.1）が、「それに類似する他の個別的な観念」（ibid.）を代表することで、一般的になるといえるなら、——たとえば白亜紀の地球は一般的な観念なのではないでしょうか。すなわち、私たちが帰納で推論するのは、個別的なことかもしれませんが、一般的なことかもしれません。

すると、帰納とは、経験している個別的なことから、経験していない個別的なこと、あるいは（それを含む）一般的なことへの推論である、といえるでしょう。そして、これら二つの帰納は、「経験しているa種の個体がFである」ことから、（1）「経験していないa種の個体がFである」ことや（2）「(経験していない個体を含む）すべてのa種の個体がFである」ことが推論されるなら、次のように定式化できるでしょう（cf. 一ノ瀬 2001, 321）。

（1）$Fa_1, Fa_2, Fa_3, \cdots\cdots, Fa_n \rightarrow Fa_{n+1}$

（2）$Fa_1, Fa_2, Fa_3, \cdots\cdots, Fa_n \rightarrow \forall xFx$

これらが基本的な帰納の定式ですが、これら二つの帰納のうち、一般化を導く（2）の帰納は、別の一回を導く（1）の帰納よりも、さらに論理的には基本的である、といえます。なぜなら、（1）「経験していない別のa種の個体がFである」ことは、（2）「すべてのa種の個体がFである」ことの一例であるからです。すなわち、（2）の帰納が成立するのなら、その全称例化から（1）の帰納は正当に導出できるわけです（cf. ibid.）。

なお、（1）の帰納で推論されるのは、現前していないa種の個体ではあるが、未来のa種の個体であるとはかぎりません。たしかに、n回目のa種の個体がFであることは、経験されていなければならないので、現在までのことであるでしょう。しかし、（1）の帰納からは、ここにない現在のａ種の個体も、経験していない過去のａ種の個体も、未来のａ種の個体と同じように推論されます。そして、そのような個別の一回はどれも（２）の帰納の全称例化から同じように正当に導出されます。だから、（１）の帰納で推論されるのは、次の一回である必要はありません。

帰納と知覚

もちろん科学の仮説（の形成や検証）に帰納は欠かせません。しかし、科学者でない私たちも帰納なしには日常を送れません。帰納は私たちの身近な生活に深く根ざしているからです。たとえば、どうして私たちは、桜は毎年春に咲く、と思っているのでしょうか。あるいは、どうして私たちは、今朝目覚めるまでずっと同じ部屋で寝ていた、と信じているのでしょうか。こうした事柄を私たちは直接に経験しているわけではありません。しかし、こうした信念は帰納的に推論されるわけです。私たちは、帰納しなければ、こうした日常的な信念さえ抱けません。つまり、どんなに有り触れたつまらない信念でも、直接の経験でないのなら、それは帰納的に推論されるのです。

とはいえ、いかにして帰納は現前しない現実を導くのでしょうか。もちろん私たちはそれを気まぐれに思い浮かべるわけではありません。なぜなら、私たちの帰納は経験を基に為されるからです。でも、どうして、経験していることから、経験していないことが推論できるのでしょうか。たしかに未経験の一回は正当な一般化から論理的に導き出せます。というのは、先ほど定式化した帰納でいえば、(1)の帰納は(2)の帰納の全称例化で導出できるからです。だが、前者の正当性が後者のそれに還元されるなら、そもそも後者の(2)の帰納が正当でなければならない。さもなければ、他の一回を導く(1)の帰納は論理的に正当でなくなるからです。とはいえ、一般化を導く(2)の帰納には、どんな正当性があるのでしょうか。もちろん帰納による一般化も経験に基づきます。でも、どうして、個別的なことから、一般的なことへと飛躍できるのでしょうか。帰納による一般化への飛躍には何か正当な理由があるのでしょうか。もしかしたら、経験していないことは、経験していることとまったく異なるのではないでしょうか。

このような帰納への素朴な疑問は、古代の懐疑主義者セクストス・エンペイリコス(Sextus Empiricus)の『ピュロン主義哲学の概要』にも見いだせます。彼は帰納について次のように書いています。

また帰納法も簡単に片づけることができる、とわたしは思う。というのも、彼らは、諸々の個別的な事柄から出発して、帰納によって全称的な事柄が信用されるよう欲しているのであるから、個別的な事柄をすべて調べてそうしようとするか、あるいは、一部を調べてそうしようとするかのいずれかであろう。しかし、もしも一部を調べてであるならば、帰納において取り残された個別的な事柄のいくつかが、全称的な事柄に反するということがありうるから、帰納は不確実であることになるだろう。他方、もしもすべてを調べてであるならば、個別的な事柄は無限に多く、また無際限であるから、彼らは不可能な仕事に身を擦り減らすであろう。したがって、このようにどちらからしても、わたしが思うには、帰納はぐらつくという結果になるのである。（セクストス 2013, 228-229）

もしかしたら、神さまなら、個別的な事柄をすべて調べて、全称的な事柄を知ることができるかもしれません。しかし、もはやそれは推論ではないでしょう。つまり、もし本当にすべてを知っているのなら、そもそも帰納をする必要はなく、それゆえに、神さまは帰納しません。けれども、私たちは一部の経験から全称を帰納しなければなりません。しかし、セクストスの言うように、経験の外には全称に反することがあるかもしれません。経験していないことは経験していることに似ていないかもしれません。

にもかかわらず、どうして私たちは個別の経験を一般化するのでしょうか。どうして、経験していることがそうであるからといって、経験していないこともそうであるといえるのでしょうか。

さて、このような帰納への問いは二〇〇〇年頃の『ピュロン主義哲学の概要』にも見いだせますが、いわゆる「帰納の問題」を哲学史上もっとも決定的に論じたのは、もちろんヒュームでしょう。しかし、それが論究される背景には彼の知覚論があります。そのため、ここでは、私たちの帰納がどのような知覚で構成されるのか、押さえておきます。なお、彼の『人間本性論』が取り上げるのは、原因と結果の関係に基づく帰納ですが、もちろん彼が論じることはあらゆる帰納に当てはまります。まず、観念が（思考や）推論に現れ（T 1.1.1.1）、帰納が推論であるのなら、帰納には観念が含まれるはずです。しかし、観念だけが帰納に含まれるわけではありません。というのは、彼によれば、私たちが帰納するときには、「(…) 印象か、少なくとも印象と等価である記憶の観念を交えることなしに、精神それ自体の観念だけに即して推論してはならない」（T 1.3.4.1）からです。ここで記憶の観念が「印象と等価である」と言われるのは、記憶は印象と同じく私たちに直に現実（の感じ）を感じさせるからです。つまり、印象と記憶には直接的な現実の感じがあります。だから、それら（の内容）が現実であることに、「それ以上の疑問や探求の余地はない」（ibid.）でしょう。印象と記憶（の内容）だけは、何の推論も介さずに、現実であると直に信じられます。

すると、印象と記憶は、推論の結論ではありえないので、帰納の前提に含まれることになります。たしかに、妥当な推論でさえ、前提が正しくなければ、正しい結論が出せるとはかぎりません。そのため、健全な帰納は正しい前提をもたなければなりません。もちろん、直接の経験（の記憶）でないことが前提になることはあるでしょう。しかし、そのときには前提それ自体が健全に推論されなければならないが、「私たちに推論を無限に続けることは不可能である」（ibid.）ので、そのような推論の連鎖はどこかで直接の経験（の記憶）に止められなければなりません。かくして、健全な帰納の前提には、印象か記憶の観念が含まれることになります。帰納の前提を推論し続けるなら、どこかで印象か記憶に至るからです。

ところで、帰納の前提は、自分の経験（の記憶）でなく、他人の証言であるかもしれません。しかし、どうしたら他人の証言が信頼できるのでしょうか。おそらく、他人の証言の誠実性は、「目撃者の報告と事実の日常的な合致の観察」（E 10.1.5）から、帰納されるしかありません。なぜなら、「人間の証言と何らかの出来事との結び付きは、それ自体では（…）ほとんど必然的でない」（ibid.）からです。すなわち、私たちの帰納は、自分の個別的な証言の誠実性から、人間の一般的な証言の誠実性へと飛躍します。そして、私たちは、自分個人の経験から、人間一般の経験へと飛躍します（cf. 中才 2016, 95）。しかし、人間一般の経験（への信頼）を推論する帰納の前提は、もちろん私たち個人の経験（への信頼）であるわけです。

また、証言する人には、その人自身の経験（の記憶）があるはずです。たしかに、「私たちが、シーザーは三月一五日に元老院で殺された、と信じる」（T 1.3.4.2）ように、直接の経験（の記憶）がある人の証言だけが信じられるわけではありません。しかし、私たちがそれを信じるのなら、「その事件に直に居合わせ、（…）直接その観念を受け取った」（ibid.）人がいたことになるはずです。というのは、信頼できる人（や本）の証言を辿るなら、いずれは「その出来事の目撃者や傍観者に至る」（ibid.）からです。すると、人（や本）の証言が信頼されるときには、やはり誰かの直接的な経験（の記憶）が信頼されるわけです。

ようするに、帰納の前提には、私たち（の誰か）が経験し（記憶し）ていることが、含まれなければなりません。さもなければ、妥当な帰納でさえ、誤った結論を導くかもしれません。すなわち、健全な帰納の前提には、印象か記憶の観念が含まれなければなりません。ヒュームは次のように述べています。

（…）記憶〔の観念〕や感覚〔の印象〕の権威がなければ、私たちの推論の全体が基礎を欠いた空想的なものになるだろうことは、明らかである。その場合には、〔推論の〕連鎖の各環が他の環に依存するが、連鎖の一端に固定され全体を支えるものは何もなく、それゆえに、そこには何の信念や証拠もないだろう。そして、すべての仮言的な議論、すなわち仮定に基づく推論は、実際にこのような事態にあるので、それらには、現前する印象もなければ、現実の存在もないのである。（ibid.）

すでに見てきたように、彼の経験論的な知覚論では、今ここに現前する印象（の内容）にこそ、現実（の感じ）はある。だから、健全な帰納は印象や（印象の）記憶を前提にしなければなりません。さもなければ、妥当な帰納から生じる結論が、たんなる空想になってしまうからです。

観念の連合

帰納の前提には印象や記憶が入るべきですが、帰納の結論になるべきは、どの知覚でしょうか。まず、明らかにそれは印象でも記憶でもありません。なぜなら、それらは生き生きとしているからです。すなわち、それら（の内容）には現実（の感じ）がある。だから、印象と記憶（の内容）は、推論を介さずに、直接に現実とされるのです。また、帰納の結論になるべきは、空想の観念ではありません。なぜなら、私たちは、経験し（記憶し）ていない現実を知るために、帰納を行うからです。つまり、私たちが帰納したいのは、現実と信じられることです。だから、帰納の結論は信念の観念であるべきです。

とはいえ、信念の観念と空想の観念はどちらも同じ想像の観念です。だとすれば、私たちは帰納の結論として一体どんな観念を想像すればよいのでしょうか。なるほど、帰納で想像される観念は、前提に印象（や記憶）があるのなら、空想よりも生き生きとした信念になるでしょう。というのは、「私たちに何か印象が現前するときには、それは、精神をそれに関係する観念に運ぶだけでなく、その観念に勢いと活気を分け与えもする」（T 1.3.8.2）からです。ようするに、前提の印象（や記憶）が結論の想像を活気付ける。だから、帰納の結論は、空想でなく、信念になるわけです。

だが、それは前提の印象（や記憶）とどのように「関係する観念」なのでしょうか。たしかに信念は空想より生き生きと感じるでしょう。しかし、知覚の活気（の程度）がどうであるかと、知覚の（事象）内容がどうであるかは、互いに独立の問題です。だとすれば、帰納の結論はどんな内容になるべきなのでしょうか。

私たち（の心）は、帰納するときに、前提である印象や記憶から、結論である信念へと移行します。しかし、このときに、どのような内容の信念へと移行すべきかを決める正当な理由はおそらくありません。というのも、私たちの想像は観念（の内容）を自由に変えることができるからです（T 1.1.3.2-4）。しかし、私たちの「精神が（…）或る対象の観念や印象から別の対象の観念や信念へと移るときに」（T 1.3.6.12）、「それが理性によって決定されていない」（ibid.）のなら、それは、「これらの対象を連合し、それらを想像で結合する諸原理によって、決定されている」（ibid.）のでなければならないでしょう。というのは、さもなければ、私たち（の心）はばらばら（の内容）の観念をまったく偶然に想像することしかできなくなるからです（T 1.1.4.1）。それゆえに、私たちが印象や記憶から信念を帰納するには、「或る観念が別の観念を自然に導き入れる」（ibid.）連合の諸原理がなければならないのです。

では、私たちの想像において観念を自然に連合する原理とは、何なのでしょうか。ヒュームはここで三つの（自然な）関係に注目します。すなわち、類似の関係と、時間と空間における隣接の関係と、原因と結果の関係です（T 1.1.4.1; T 1.3.6.13）。もちろん、想像は観念を自由に変えられるので、三つの関係による観念を連合する原理は、「（…）分離不可能な結合と考えられるべきでなく、（…）穏やかな力とのみ見なされるべきである」（T 1.1.4.1）でしょう。しかし、想像がどんなに自由であろうと、また、連合の原理がどんなに穏やかであろうと、彼によれば、「(…) 観念を連合させる一般的な原理は、類似と隣接と因果だけなのである」(T 1.3.6.13)。

まず、類似の関係から想像される観念には、たしかに「十分な絆や連合」(T 1.1.4.2) があるかもしれません。というのは、私たちがとりとめなく考えるときでさえ、「私たちの想像は或る観念からそれに類似する別の観念へ進み易い」(ibid.) からです。また、類似の関係がなければ、帰納はできません。なぜなら、「あらゆる種類の推論は、比較に他ならない」(T 1.3.2.2) が、「ある程度は類似する対象しか、比較を許さない」(T 1.1.5.3) からです。

また、私たちの想像は、「(…) 諸対象を思い浮かべるときに、空間と時間の諸部分に沿って進む」(T 1.1.4.2) ことがあります。なぜなら、私たちの感覚が、「(…) 対象を変えるときには、対象を順番に変えていき、諸対象を互いに隣接して捉えざるをえない」(ibid.) からです。すなわち、私たちが観念を想像する仕方は、「長い間の習慣によって」(ibid.)、印象を感覚する仕方に倣うことになるわけです。

とはいえ、類似と隣接の想像への影響は、「(…) 単独では、とても弱く不確かである」(T 1.3.9.6) かもしれません。というのは、私たちの「精神には、類似する対象や隣接する対象を思い描くべき、いかなる必然性もない」(ibid.) からです。たしかに、「類似性が甚だしく欠如するのなら、私たちの推論をほとんど完全に消滅することができる」(T 1.3.9.13) でしょう。また、たしかに、時間や空間の隣接の関係は、私たちに対象の遠近の関係を想像させるかもしれません (T 1.3.2.2)。しかし、私たちは、対象の遠近の関係を推論するときには、実は「それらを分離したり結合したりする何らかの隠れた原因がある」(ibid.)、と思っているのではないでしょうか。すると、ヒュームの言うように、「私たちに現実の存在を確信させるには、原因と結果の関係が必要であって、他の二つの関係に力を与えるには、この確信が必要である」(ibid.) のかもしれません。観念を自然に連合させる三つの関係のうち、「原因と結果の関係ほど、想像に強い結合を生み、或る観念に他の観念を容易に呼び起させる関係はない」(T 1.1.4.2) のかもしれません。

もちろん、「類似と隣接の関係を(…)想像への作用から完全に排除することはできない」(T 1.3.9.6) でしょう。あるいは、むしろ、「これら二つの関係は、原因と結果の関係を手伝って、関係のある観念をより強い力で想像に植えつける」(T 1.3.9.5) かもしれません。しかし、「或る対象の存在や作用から、他の対象の存在や作用が後続あるいは先行することの確信を私たちに与える結合を生むのは、因果関係だけである」(T 1.3.2.2) でしょう。なぜなら、「原因と結果の関係が示す対象は、固定されていて、変更できない」(T 1.3.9.7) からです。おそらく、私たちが記憶する原因と結果の関係は、「けっして大きく変わることはない」(ibid.) でしょう。また、私たちに現前する「各印象は、堅固で現実的で確かで不変的なものとして想像に生じる、明確な観念を引き連れている」(ibid.) でしょう。すると、そのときには、私たちの「思考は、その印象からその観念へ、その特定の印象からその特定の観念へ、選択も躊躇もなく移行するように、常に決定されている」(ibid.) のではないでしょうか。すなわち、私たちは、現前する印象から、それに因果的に関係する観念を自然と想像してしまうのではないでしょうか。

因果と帰納

以上から、前提となる印象や記憶（の内容）と、結論となる信念（の内容）が、原因と結果の関係で（自然に）結び付くときに、私たちは健全に帰納できる、といえるかもしれません。なぜなら、私たちはそのときに経験し（記憶し）ていない現実を知ることができるからです。だが、原因と結果の関係とは一体どのような関係なのでしょうか。あるいは、ヒュームに倣って言えば、私たちの「因果性の観念はいかなる起源から生じる」（T 1.3.2.4）のでしょうか。すなわち、それはどのような印象に由来するのでしょうか。

まず、彼によれば、因果は何らかの性質ではありません（T 1.3.2.5）。もし仮に因果が特定の性質であるのなら、それが欠落する物事は原因や結果になれません（ibid.）。しかし、それがどんな性質であろうと、それが欠落するのに原因や結果と見なされる物事があるはずです（ibid.）。なぜなら、「実際に（…）存在するもので原因や結果と見なされえないものはない」（ibid.）からです。しかし、もちろん「あらゆる存在者に普遍的に属する（…）性質は一つもない」（ibid.）わけです。

そのため、彼は、「それなら、因果の観念は（…）何らかの関係から生じるほかない」（T 1.3.2.6）、と考えます。では、原因と結果の間にはどのような関係があるのでしょうか。彼が初めに見つけるのは、原因と結果が時間や空間において連鎖的に隣接（contiguity）することと（T 1.3.2.6）、原因が時間において結果に先行（priority）することです（T 1.3.2.7）。とはいえ、これら二つの関係が因果に本質的である、とはいえないかもしれません。なぜなら、原因と結果が非局所的または同時的に作用することは（思考）可能である、と思われるからです。しかし、それらが因果に本質的な関係であるかどうかは、ここでは重要な問題ではありません。というのは、もし仮にそれらが因果に必要な関係だとしても、それらは因果に十分な関係ではないからです。つまり、「或る対象は、別の対象に隣接し先行しても、それの原因と見なされないことがありうる」（T 1.3.2.11）わけです。

では、他にどのような関係があればよいのでしょうか。原因と結果の間にはもっと本質的な関係があるのでしょうか。おそらくそれは必然的な結合（necessary connexion）でしょう。少なくともヒュームはそのように考えています。すなわち、原因と結果の間では、「必然的結合の関係が、考慮に入れられるべきであって、（…）先に述べた二つの関係よりもずっと重要なのである」（ibid.）、と。しかし、原因と結果の必然的な結合は、隣接や先行の関係と違って、目に見えるわけではありません（cf. 一ノ瀬 2012, 2-3）。つまり、因果的な事例をどれほど観察しようと、原因と結果が必然的に結び付くことは、何らかの性質や関係に直接見いだせるわけではありません（T 1.3.2.12）。すると、必然的結合の観念には、起源となる印象がないのでしょうか。そんなはずはありません。なぜなら、「あらゆる本当の観念を生じさせるのは、何らかの印象でなければならない」からです。とはいえ、必然的結合の観念はどんな印象から生じるのでしょうか。

ここで彼は（この問いを残したまま）問いを転じます。すなわち、ここからは、原因と結果の必然的結合（の印象）とは何なのか、とは問われずに、なぜ私たちは原因と結果の結合が必然的だと思うのか、と問われることになります（T 1.3.2.13-15）。――なお、彼は外的な物体については次のように述べています。すなわち、「(…) どんな原因が私たちに物体の存在を信じさせるのか、と問うことは、適切であるが、物体が存在するかどうか、と問うことは、無益である」（T 1.4.2.1）、と。

まず、彼は、「存在し始めるものは何であれ、存在の原因をもたなければならない」（T 1.3.3.1）ことは、伝統的な「哲学の一般原則である」（ibid.）が、「直観的にも論証的にも確実でない」（T 1.3.3.8）、と論じます。というのは、すべての新しい存在に原因があることが論証されるには、何かが原因なしに存在し始めることが（思考）不可能でなければならないが（T 1.3.3.3）、「原因の観念を存在の元始の観念から分離することは、明らかに想像にとって可能である」（ibid.）からです。たしかに、「すべての結果は必然的に原因を前提している」（T 1.3.3.8）、とはいえるかもしれません。というのは、原因と結果の「観念の関係」に鑑みれば、（原因とは結果を生むものであり、）結果とは原因から生まれるものであるからです。しかし、一般的に「原因」と「結果」がそのように互いを言い表せるとして、具体的にどんな原因とどんな結果が結び付くのでしょうか。原因と結果について私たちが知りたいのは、むしろ後者なのではないでしょうか。たしかに、たとえば、「すべての夫は妻をもたなければならない」（ibid.）ことは、夫と妻の「観念の関係」から分析的にわかるでしょう。

しかし、すべての夫に妻がいるからといって、すべての男性が結婚しているとはかぎりません（ibid.）。すると、たとえば、ある男性が結婚しているのかどうかは、明らかに経験的な「事実の問題」であることになります。もちろん、ここで、ある男性が結婚しているかどうかは、直接的に観察することができるかもしれません。しかし、どんな男性が（どんな女性と）結婚しているのかは、――すべてを経験するのでなければ、――因果的に想像されるしかありません。だから、原因と結果の関係は、「観念の関係」でなく、「事実の問題」であるわけです。

したがって、新たな（結果の）存在に何らかの原因がなければならないことは、「(…) 観察と経験から生じなければならない」（T 1.3.3.9）ことになります。しかし、どのような経験が私たちに原因（や結果）の必然性を信じさせるのでしょうか。どうして私たちは、かくかくの原因はしかじかの結果と結び付かなければならない、と思うのでしょうか（ibid.）。どうして私たちは原因と結果の一方から他方を推論するのでしょうか（ibid.）。こうしてヒュームは因果的な帰納について論究していきます。

さて、すでに見てきたように、因果的な帰納の結論は、空想の観念でなく、信念の観念でなければなりません。なぜなら、原因と結果の関係に基づく想像は、「私たちに現実の存在を確信させる」からです。でも、どうして因果的な信念（の内容）は現実と信じられるのでしょうか。もちろん、原因と結果の関係は、「観念の関係」でなく、「事実の問題」であるので、因果的な信念は、論証的に確実である知識ではなく、蓋然的に確信される信念にすぎません。しかし、どうしてそれは信念なのでしょうか。どうしてそれは空想ではないのでしょうか。
もちろんそれは帰納の前提が印象（の記憶）であるからでしょう。もし前提に印象（の記憶）がまったく含まれなければ、帰納の結論は空想になるはずです。だから、因果的な帰納は、それが信念を結論とするのなら、やはり原因と結果の印象（の記憶）を前提としなければなりません。すなわち、私たちの因果的な帰納は、原因と結果の経験（の記憶）を前提して、現実と確信できる（内容の）信念を結論する、といえるでしょう。ヒュームは次のように書いています。

（…）私たちが或る対象の存在から別の対象の存在を推論できるのは、ただ「経験」のみによるのである。〔この〕経験の本性は次のようなものである。私たちは、或る種の対象の存在の事例がしばしばあったことを覚えていて、また、それらに別の種の対象の個体が常に伴い、それらに隣接し継起する規則的な秩序で存在したことを覚えている。たとえば、私たちは、私たちが炎と呼ぶ種の対象を見たことと、私たちが熱と呼ぶ種の感覚を感じたことを覚えている。また、私たちは、それらが過去のすべての事例で恒常的に連接していたことも思い出す。〔すると、〕私たちは、それ以上は何もこだわらずに、一方を原因と、他方を結果と呼んで、一方の存在から他方の存在を推論するのである。（T 1.3.6.2）

ここに彼は原因と結果の間の新たな関係を発見します。それは原因と結果の間の恒常的な連接

(constant conjunction) の関係です。つまり、原因と結果（の関係にある物事）は過去の経験で常に恒常的に連接していました。だから、私たちはそれらの一方から他方を（自然と）想像してしまうわけです。

しかし、恒常的な連接の経験（の記憶）は、同じ事例の数を増やしますが、何か新たな（内容の）観念を生むわけではありません (T 1.3.6.3)。つまり、そこに見いだせるのは、常に同種の物事が同じ隣接と継起の関係にあったことでしかありません (ibid.)。だから、そこには原因と結果の必然的な結合の起源はありえません (ibid.)。

では、どこに必然的結合の起源があるのでしょうか。どうして私たちは、原因と結果が必ず結び付く、と思っているのでしょうか。もしかしたら、原因と結果の結合を必然的にする因果的な力（の実在）が信じられるかもしれません (T 1.3.6.8)。しかし、そのような力は一体どこにあるのでしょうか。たとえば、これまでに経験している原因には、結果を必ず生む力があったのでしょうか。そうかもしれませんが、仮にそうだとしても、どうして、経験していない原因にまで、同じ結果を生む力が必ずある、といえるのでしょうか (T 1.3.6.10)。あるいは、私たちが因果的な力（の実在）を信じるとしても、どうして私たちは因果的な力（の実在）を信じるのでしょうか。もしこれがヒュームの解き明かすべき問いであるのなら、たとえ彼自身が因果的な力（の実在）を信じていたとしても、彼の問いは変わりません。すなわち、私たちは因果を信じるが、どうして私たちは因果を信じるのか。これが彼の問いなのではないでしょうか。

実際に、彼（の因果論）以前には、そんな問いが生まれる素地がなかったのかもしれません。というのは、彼（以前）の時代には、原因と結果の関係は明らかに必然的であったからです（cf. 神野 2014, 163）。たとえば、スコラ哲学では、原因と結果の関係に基づく推論は、蓋然性を超えて論証される知識の候補でした（Hacking 2007, 180-181）。たしかに、（たとえば因果のない世界も（思考）可能であるので、）そのときに諸々の因果が必然的であったこと自体は、偶然的なことであるかもしれません。しかし、彼（以前）の時代には、原因と結果に基づく推論は、――それが必然的なこと自体は偶然的であろうと、――実際に必然的であったわけです（cf. ibid. 181）。

だが、彼（の因果論）にとっては、諸々の因果それ自体が、「観念の関係」でなく、「事実の問題」であるので、原因と結果の結合は、必然的でなく、蓋然的であることになる。だから、因果的に推論されるのは、もちろん論証的に確実な知識ではありません。つまり、（彼の）因果的な推論は演繹的な推論ではありません。そうではなくて、（彼の）因果的な推論の結論は、（たんに蓋然的なだけの臆見ではないかもしれませんが、）蓋然的に確信できる信念でなければなりません。すなわち、（彼の）因果的な推論は本質的に帰納的な推論なのです（cf. 石川 1984, 21-24）。もちろん、すべての帰納的な推論が因果的な推論であるわけではありません。というのは、おそらく私たちは、原因と結果の関係がなくても、類似の関係とか時間や空間における隣接の関係とかに基づいて、帰納的な推論をすることができるからです。なるほど、彼にとっての（健全な）帰納とは、原因から結果（あるいは結果から原因）への推論に他なりません（cf. ビービー 2014, 25）。なぜなら、原因と結果の関係こそが「私たちに現実の存在を確信させる」からです。私たちの帰納は、原因と結果の恒常的な連接に基づくとき、現実と確信できる信念を導きます。つまり、私たちが、経験外の現実の存在を信じるには、原因と結果の経験（の記憶）が欠かせません。

しかし、因果的な帰納から生じる信念はけっして演繹的に論証される知識ではありません。原因と結果の関係は、「事実の問題」であって、「観念の関係」ではありません。そのため、因果的な帰納の結論に反することはもちろん（思考）可能です。だから、因果的な推論は、現実と確信できる信念を生みますが、本質的に帰納的な推論に他なりません。そして、それゆえに因果的な推論もまた「帰納の問題」を免れません。

第5章

どうして自然の歩みは変わらないのか？

——自然の斉一性と一般化の正当性

原因から結果（ないし結果から原因）への推論は、本質的に帰納であるがゆえに、「帰納の問題」を逃れません。原因と結果の関係は、「観念の関係」でなく、「事実の問題」であるからです。ここにヒュームの「帰納の問題」は生まれます。すなわち、因果的に想像される観念が、論証的な知識でなく、蓋然的な信念であると、彼の「帰納の問題」は生じるわけです（cf. Hacking 2007, 185）。では、帰納には一体どんな問題があるのでしょうか。ヒューム自身はそれをどのように論じるのでしょうか。本章では彼の論じる「帰納の問題」を見ていきます。そして、帰納を正当化しうる「自然の斉一性」がどのような信念であるのかを考えます。すなわちどうして私たちは、自然の歩みは斉一的である、と信じるのでしょうか。本当に自然の歩みは変わらないのでしょうか。そのような一般化に何か正当な理由はあるのでしょうか。

帰納と信念

帰納に問題があるのなら、帰納される信念にも問題があることになります。そこで、ヒュームの論じる「帰納の問題」を見る前に、彼の「信念」の用法を押さえておきましょう。もちろん、彼の念頭にある信念とは、因果的に帰納される信念に他なりません。なぜなら、彼によれば、「現前する印象は、原因と結果の関係があると、任意の観念に活気を与え、したがって、信念（…）を生み出せる」（T 1.3.8.6）からです。

すると、彼の「信念」は二つの観点から定義できるかもしれません。すなわち、健全な帰納の結論は、知覚の活気の観点から言えば、現前する印象に活気付けられなければなりませんが、知覚の内容の観点から言えば、現前する印象の原因か結果になっていなければなりません。さもなければ、私たちの帰納は現実と確信できる信念を生みません。

まず、帰納的な信念が生き生きと感じられることは明らかでしょう。なぜなら、それは信念だからです。私たちが帰納したいのは、経験外の現実であって、経験内の現実ではありません。だから、帰納の結論は信念でなければなりません。そもそも印象や記憶は推論されません。もちろん経験外の虚構を帰納することはできます。しかし、それは健全な帰納ではありません。というのは、そのときには、（推論それ自体は妥当であるかもしれませんが、）帰納の前提に印象や記憶が含まれないからです。そして、そのときには帰納の結論はもちろん空想になります。しかし、虚構を空想するのに、どうして（妥当に）帰納しなければならないのでしょうか。虚構ならもっと自由に想像してよいのではないでしょうか。すると、私たちが帰納したいのは、やはり経験外の現実についての信念であることになります。もちろん信念には（空想より）活気がなければなりません。そのため、信念を結論とする健全な帰納は、印象や記憶を前提としなければなりません。なぜなら、帰納的な信念の活気は印象や記憶の活気に由来するからです。すなわち、帰納的な信念は、印象や記憶の現実に与るから、生き生きと感じられ、現実と確信されるのです。

では、信念の内容が因果的に帰納されることはどうでしょうか。どうして帰納的な信念の内容は原因と結果の関係に基づくのでしょうか。それはもちろん信念が想像の観念であるからです。私たちの想像は観念の内容を自由に変えられます。だから、私たちは経験外の虚構さえ想像できるわけです。しかし、どうして私たちが想像することは、もっとめちゃくちゃにならないのでしょうか。もちろん、想像に何の指針もなければ、そうなってしまうかもしれません。しかし、私たちの想像には観念を自然と連合させる原理がある。たとえば、私たち（の心）には類似することを思い浮かべる傾向があるでしょう。あるいは、時間や空間で隣接する物事は（帰納的に）想像されるかもしれません。しかし、経験外の現実が帰納されるには、類似と隣接だけでは十分な原理ではないので、まさに原因と結果の関係が想像の指針にならなければなりません。すなわち、私たちの想像の観念は、原因から結果（ないし結果から原因）が自然と帰納されるときに、経験外の現実についての信念になるわけです。

かくして、ヒュームの論じる信念は、活気と内容の二側面から、「現在の印象に〔因果的に〕関係する生き生きとした観念」（T 1.3.8.1）である、と定義されることとなる。すると、彼の意中の信念はやはり健全な帰納の結論である、といえるかもしれません。というのは、経験外の現実についての信念を結論とするのは、前提に印象（や記憶）を含む因果的な帰納だけであるからです。

　でも、そのような帰納は本当に健全であるのでしょうか。もちろん、そのように帰納される信念は、生き生きと感じられるので、現実と信じられるでしょう。しかし、なぜそれを現実と信じることが正しいのでしょうか。たしかに原因と結果の関係は私たちの想像を導くかもしれません。しかし、帰納的に想像される信念は、原因と結果の関係に基づくと、どうして正しいとされるのでしょうか。そこには何か合理的な正当性があるのでしょうか。もちろん前提の印象（や記憶）の内容は現実であるでしょう。しかし、どうして、そのときに結論の信念の内容が現実である、といえるのでしょうか。すなわち、仮に前提が真であるとして、結論への推論それ自体は妥当であるのでしょうか。前提から結論への帰納的な飛躍には何か正当な理由があるのでしょうか。

　もちろん、原因と結果の間に必然的な結合があるのなら、因果的な帰納（の結論である信念）は必ず正しいことになるでしょう。しかし、原因と結果の間に見いだせるのは、必然的な結合ではなくて、恒常的な連接にすぎません。すなわち、原因と結果は私たちが経験しているところで互いに結び付いているにすぎません。だが、経験しているところでそうであるからといって、どうして経験していないところでもそうであるといえるのか。もしかしたら、私たちの経験していないところでは、原因と結果は互いに結び付いていないかもしれません。すると、どうして、原因と結果の関係は私たちの経験の外でも同じである、といえるのでしょうか。どうしたら因果的な帰納は正当化できるのでしょうか。そもそも帰納（的な信念）には何らかの正当性があるのでしょうか。

どうして因果的な帰納（の結論である信念）は正しいといえるのでしょうか。いや、そもそも、帰納（的な信念）には、どのような正当性があるのでしょうか。以下では、ヒュームの「自然の斉一性」の議論を追いながら、なぜ「自然の斉一性」の原理が（因果的な）帰納を正当化できないのかを見ていきましょう。

まず、因果的な帰納は「過去の経験に基づく」のでなければなりません。すなわち、印象や記憶から原因や結果への帰納は、「私たちがそれらの恒常的な連接を覚えていることに（…）基づく」（T 1.3.6.4）のでなければなりません。というのは、もちろん原因と結果の関係が必然的な結合でないからです。とはいえ、どうして私たちは、経験内の印象や記憶の恒常的な連接から、経験外の原因や結果の信念へと飛躍できるのでしょうか。そこには何か正当な理由があるのでしょうか。あるいは、彼に倣って言えば、私たちの心の因果的な移行を決めるのは、「理性による」（ibid.）のでしょうか。

ヒュームは次のように述べています。

もし理性が私たち［の因果的な移行］を決定するのなら、理性は、私たちが経験していない事例は、私たちが経験している事例に似ていなければならない、そして、自然の歩みは斉一的に同じであり続けなければならない、という原理に基づいて、そうするであろう。(ibid.)

つまり、私たちの（因果的な）帰納は「自然の斉一性」の原理によって（のみ）合理的に正当化されます。たしかに、彼の因果論に従えば、原因と結果の関係でさえ、――経験の内では恒常的に連接しているとはいえますが、――経験の外でも必然的に結合しているとはいえません。しかし、経験外の現実が経験内の現実と似ているのなら、つまり、自然の成り行きが常に同じであるのなら、恒常的な連接から必然的な結合への推論には、正当な理由があることになります。すなわち、私たちの（因果的な）帰納は、「自然の斉一性」の原理に基づくなら、妥当であるわけです。

とはいえ、そもそも「自然の斉一性」とはどのような原理なのでしょうか。つまり、それが（因果的な）帰納を正当化するとして、それ自体は正当な原理であるのでしょうか。それはどのようにして得られる原理なのでしょうか。私たちはどうして「自然の斉一性」を信じているのでしょうか。ここでヒュームは「観念の関係」と「事実の問題」の二分法に訴えます。すなわち、「自然の斉一性」の原理は、「観念の関係」から生じる論証的な知識なのでしょうか、それとも、「事実の問題」から生じる蓋然的な信念なのでしょうか（ibid.）。

すぐに気が付くのは、「自然の斉一性」は「観念の関係」としては論証されないことでしょう。なぜなら、私たちは、原因と結果の分離を想像し（T 1.3.3.3）、「（…）自然の歩みの変化を思考することができる」（T 1.3.6.5）からです。つまり、もしそれが論証的な知識であるのなら、それを否定することは、矛盾を含意するので、思考さえ不可能であるはずです。しかし、私たちには「自然の不斉一性」の思考が可能です。だから、「自然の斉一性」は「観念の関係」から論証される知識でなく、また、彼の「思考可能の原理」によれば、自然の歩みの変化が思考できることは、「（…）そのような変化が絶対的に不可能なわけではないことを十分に証明する」（ibid.）わけです。

でも、私たちは本当に「自然の不斉一性」を思考できているのでしょうか。斉一的でない自然の歩みなんて、本当に想像できるのでしょうか。たしかに、天気予報が外れることがあるように、因果的に帰納された信念でさえ、現実に的中しないことはあります。しかし、自然の歩みはそのとき斉一的でなくなった（と思える）のでしょうか。もちろん、そのときには自然の歩みが変わった（と思える）かもしれません。——たとえば、現実の天気が予想と異なるのは、風向や気圧などの要素が変わったからだ、とはいえるかもしれません。——しかし、そもそも自然はどうして歩みを変えたのでしょうか。もしかしたら、自然の歩む法則が変わったのでしょうか。そんなはずはありません。——たとえばボイル・シャルルの法則を破って気圧は変化したわけではありません。——自然は自然法則に従って歩みを変えたはずです。つまり、自然の歩みはそもそも斉一的であったはずです。にもかかわらず、帰納的な信念が現実に的中しないのは、私たちが「自然の斉一性」を捉え損ねるからです。すなわち、そのときに間違っているのは、私たちの帰納（を導く因果）であって、自然の歩み（を導く法則）ではありません。私たちの（因果的な）帰納が外れようと、そもそも自然の（法則的な）歩みはずっと斉一的であるのです。

すると、自然（の歩む法則）はそもそも斉一的でしかありえないのでしょうか。それがどのよう（な歩み）に変わろうと、自然には必ず（法則の）斉一性があることになるのでしょうか。なるほど、もし私たちが「（…）どんなところにも規則性を見いだしうる」（Goodman 1983, 82）のなら、どんなに滅茶苦茶な変化にも実は何らかの斉一性がある、といえるかもしれません。しかし、私たちは本当にあらゆる自然の歩みに斉一性を見いだせるのでしょうか。たとえば、私たち（の心）を含む、世界のすべてが、何のまとまりもなく、てんでばらばらに漂うだけの気体になってしまったら、どうでしょうか。それでも、そこには何らかの斉一性がある、といえるでしょうか。

おそらくいえません。なぜなら、そのときには私たちは何の具体的な規則性や類似性も見いだせないからです。もちろん、もしかしたら、それでもなお実は何らかの法則が存在するのかもしれません。しかし、少なくとも私たちがそのようにいうことはできません。なぜなら、そのときには、そもそも、――私たちがいるのかさえわかりませんが、――斉一的であることがどういうことなのか、私たちにはわからないからです。すなわち、私たちには、具体的な規則性や類似性を見つけることなしに、抽象的な「自然の斉一性」を唱えることはできません。

このことはもちろんヒュームの経験論（的な知覚論）に適っています。というのは、彼によれば、「一般的あるいは抽象的な観念は、或る観点から見られた個別的〔あるいは具体的〕な観念に他ならない」（T 1.3.14.13）からです。つまり、「私たちは、よく現れる諸対象の間に類似性を見つけると、（…）それらの間に（…）どのような相違が見えようと、それらのすべてに同じ名前を当てはめる」

れらの対象から一つの観念が呼び起される（…）」（ibid.）ようになるわけです。彼の経験論（的な意味論）によれば、「一般的な観念は個別的な観念なしには不可能である」（T 1.1.7.7）でしょう。そして、「このような習慣を身に付けた後には、その名前を聞くことで、そ

だから、たとえば、彼の因果論が慮るのは、「原因」や「結果」と言われる具体的な物事であって、抽象的な因果性（の概念）ではありません（神野 2014, 172）。たしかに、原因と結果の関係が抽象的に捉えられるなら、結果のない原因や原因のない結果は、矛盾を含意する（思考）不可能な観念と解されるかもしれません（ibid.）。しかし、そのような抽象的な因果関係は一体どのように理解されるのでしょうか。抽象的な因果（の意味）は、具体的な因果（の経験）なしには、わからないのではないでしょうか。《あるいは、もしかしたら、因果性は生得的な観念なのでしょうか？》

同じことが「自然の斉一性」についてもいえます。つまり、私たちは、具体的な斉一性（の経験）なしには、抽象的な斉一性（の意味）がわかりません。たしかに、私たちの帰納と自然の歩みが合致しない理由が、常に帰納（を導く因果）の側にあるのなら、自然（を導く法則）の方は常に斉一的であることにされるかもしれません。しかし、もし本当に、あらゆる自然の歩みがまったくでたらめになって、私たちの帰納がことごとく外れていったら、私たちはもはや、それでも自然の歩みは斉一的である、とはいえなくなるでしょう。というのは、そのときには、私たちは、具体的な規則性や類似性がどこにも見いだせ（ず、帰納さえ行え）なくなっているからです。私たちに、抽象的な斉一性（の意味）がわかるのは、具体的な斉一性（の経験）があるからなのです。《ある

いは、もしかしたら、「自然の斉一性」も生得的な原理なのでしょうか？》

したがって、自然（法則）は必ずしも斉一的であるとはかぎりません。なぜなら、「自然の不斉一性」を思考することは可能であるからです。たしかに私たちは常に自然の歩みに抽象的な斉一性（の意味）を読み込むでしょう。——さもなければ、どうして外れた帰納を反省しなくてはならないのでしょうか。——しかし、自然の歩みがでたらめに変わり続けることは、明らかに想像できるでしょう。そして、いよいよ世界に何の規則性も類似性もなくなったら、どうでしょうか。それでも、何らかの斉一性が実はある、といえるでしょうか。もちろんいえません。私たちはそこに、具体的な斉一性（の経験）を見いだせないので、抽象的な斉一性（の意味）を与えられません。だから、そのようなところでは、斉一的でない自然がたしかに（思考）可能であるわけです。かくして、「自然の斉一性」の原理は「観念の関係」についての論証的な知識でないことになります。

自然の斉一性と事実の問題

さて、それゆえに、「自然の斉一性」の原理は「事実の問題」についての蓋然的な信念であることになります。しかし、蓋然的な信念には合理的な正当性があるのでしょうか。たしかに「自然の斉一性」は（因果的な）帰納を合理的に正当化するでしょう。しかし、蓋然的な信念である「自然の斉一性」それ自体は合理的に正当な原理なのでしょうか。そもそも蓋然的な信念とは何なのでしょうか。

ヒュームは蓋然性について次のように述べています。

> 蓋然性は、（…）観念の関係ではなく、もっぱら対象の関係を明らかにするので、ある点では記憶〔の観念〕と感覚の印象に基づき、ある点では〔想像の〕観念に基づかねばならない。仮に蓋然的な推論に何の印象も混ざっていなければ、その結論はまったく空想的なものであるだろう。また、仮に何の〔想像の〕観念も混ざっていなければ、その関係を見る精神の作用は、（…）感覚であって、推論ではないだろう。それゆえに、すべての蓋然的な推論では、見られるか思い出される何かが精神に現れる必要があり、また、私たちは、この何かから、それに結び付くが見られも思い出せもしない何かを推論する必要がある。（T 1.3.6.6）

すなわち、彼が「蓋然性」と呼ぶ推論は、私たちが「帰納」と呼ぶ推論に他なりません。すでに見てきたように、私たちが健全に帰納をするなら、帰納の前提には活気溢れる印象や記憶が含まれなければなりません。さもなければ、帰納の結論は、活気のある信念でなく、活気のない空想になるからです。すなわち、知覚の活気の観点から言えば、健全な帰納の結論である信念は、前提である印象や記憶に活気付けられるから、生き生きと感じられるわけです。

さらに続けて彼は次のように述べています。

記憶〔の観念〕や感覚の直接的な印象を超えて、私たちを導くことのできる、唯一の対象の結合すなわち関係は、原因と結果の関係である。なぜなら、それこそが、或る対象から別の対象への正しい推論を基礎付けられる唯一の関係だからである。原因と結果の観念は経験から生じるが、それが私たちに、そのような特定の対象が過去の全事例で恒常的に連接していたことを知らせるのである。そして、それらの対象の一つに似た対象が印象で直接に現前するとなると、そこから私たちは、それに常に付随していた対象に似た〔もう〕一つの対象が存在する、と決めてかかるのである。(T 1.3.6.7)

ようするに、印象や記憶からの蓋然的な推論は原因と結果の関係によって(のみ)正しく基礎付けられます。すると、結局のところ、彼の考える正しい蓋然性とは、因果的な帰納に他ならないわけです。私たちは想像する観念の内容を自由に変えられます。しかし、健全な帰納から生じる信念の内容は現実だと信じられなければなりません。そこで、原因と結果の関係が信念の内容を導くことになります。すなわち、知覚の内容の観点から言えば、健全に帰納される信念の内容は、原因と結果の関係に基礎付けられるから、現実と確信されるわけです。

さて、彼の考える(正しい)蓋然性が(因果的な)帰納であるのなら、(因果的な)帰納は「自然の斉一性」に合理的に正当化されないことになります。というのは、「自然の斉一性」はそれ自体が「事実の問題」についての蓋然的な原理であるからです。つまり、「自然の斉一性」は、——たとえば、自然の歩みは、経験内では斉一的であるから、経験外でも斉一的であると、——（因果的に）帰納される原理です。すると、それ自体が帰納的に生じる信念であるのなら、「自然の斉一性」の信念を生む帰納を正当化するためには、「自然の斉一性」それ自体が先取されなければなりません。そのため、私たちは「自然の斉一性」を帰納から正当に得ることはできません（cf. T 1.3.6.7）。「自然の斉一性」を導く帰納を、帰納が導く「自然の斉一性」で正当化しようとすれば、論点先取（あるいは悪循環）に陥ります。だから、「自然の斉一性」それ自体に合理的な正当性があるわけではありません。そして、それゆえに、「自然の斉一性」は帰納を合理的に正当化できません。

ところで、ヒュームによれば、「観念の関係」に関する知識から区別される（広義の）蓋然性は、さらに立証と（狭義の）蓋然性に区別されます（T 1.3.11.2）。すなわち、前者の立証が、「原因と結果の関係に由来し、疑いと不確かさから完全に逃れている」（ibid.）のに対し、後者の（狭義の）蓋然性には「まだ不確かさが伴っている」（ibid.）わけです。もちろんそれらはどちらも「事実の問題」に関する（広義の）蓋然性です。しかし、それらの間では「確信の程度」が異なるでしょう。たしかに、それらの間に「想像できるかぎりのあらゆる確信の程度がある」（E 10.1.3）のなら、弱い立証と強い（狭義の）蓋然性の境界をはっきり引くことはできません（Becker 2010, 96）。また、そのため、そこにはいわば「証明に反する証明（proof against proof）」（E 10.1.11）があるかもしれません。

たとえば、夕焼けが見えた次の日は、晴れるでしょうか、それとも、雨が降るでしょうか。明らかに私たちはどちらの事例も経験しています。すると、どうしたら、どちらにどれくらいの「確信の程度」がある、とわかるのでしょうか。おそらく、私たちは、相反する経験があるときには、それぞれの経験の数を釣り合わせ、一方から他方を差し引かなければなりません（E 10.1.4）。そして、「（…）私たちは、どちらか一方に優位を見いだせば、そちらの方に傾くのだが、それでもなお、それに反する方の力に比例して確信の〔程度〕の減少はある」（E 10.1.6）わけです。つまり、一方には一〇〇の経験があるが、他方にも五〇の経験があるときには、「確信の程度」が低い（狭義の）蓋然的な信念しか生じません（cf. E 10.1.4）。しかし、一方に一〇〇の経験があって、他方に一の経験しかなければ、「確信の程度」が高い立証的な信念が生じるのです（cf. ibid.）。だから、私たちには、確率の高いことは、「より起こりそう（likely）であるし、よりありそう（probable）である」（T 1.3.11.8）、と思われるのでしょう。

とはいえ、なぜ私たちはそのように思ってしまうのでしょうか。もちろん、そのように思う（べき）正当な理由はありません。つまり、確率が高ければ高いほど、あるいは、確信が強ければ強いほど、実現しそうである、と信じることに、合理的な正当性はありません。なぜなら、「どんな偶然的な出来事も数の勝る方に落ち着かなければならないことを（…）証明することは〔論証的にも蓋然的にも〕不可能である」（T 1.3.11.7）からです。すなわち、経験しているところでは確率が高いからといって、どうして経験していないところでも確率が高いといえるのでしょうか。なるほど、もしかしたら、偶然的な出来事には、――たとえば理想的なサイコロに想定されるような――「確率の斉一性」といえる原理があるのかもしれません。でも、それはどのような原理なのでしょうか。明らかにそれは「観念の関係」についての知識ではありません。なぜなら、それは偶然的な出来事における原理であるからです。しかし、それが「事実の問題」についての信念であるのなら、それ自体が「確率の斉一性」を先取することになるわけです。ようするに、「ここでは、原因〔と結果の関係〕から生じる〔帰納的な〕信念〔の正当性〕の検討に用いたのと同じ議論をすべて繰り返すことができる」(ibid.)。それゆえに、「自然の斉一性」をもって帰納を正当化することができないように、「確率の斉一性」をもって確率を正当化することはできません。たしかに、異なる確信の程度から、立証的な信念と(狭義の)蓋然的な信念は区別されるかもしれません。しかし、確率が高く、強く確信できることが、より実現しそうである、と信じる正当な理由はありません。とどのつまり、確率論(的な確信の程度)が持ち出されても、帰納(的な信念)は、――区分されるかもしれませんが、――正当化されるわけではありません。確率論を正当化しうる「確率の斉一性」にそもそも正当性がないからです(cf. 中島 1997, 143)。

もちろん、ここでは(因果的な)帰納と「自然の斉一性」について言われることが繰り返されているにすぎません。すなわち、(因果的な)帰納を正当化しうる「自然の斉一性」に正当性がないから、(因果的な)帰納は「自然の斉一性」に正当化されないわけです。たしかに、仮に「自然の斉一性」が正当な原理であれば、それは(因果的な)帰納を正当化するでしょう。しかし、「自然の斉一性」はそれ自体が（因果的に）帰納される信念に他なりません。だとすれば、「自然の斉一性」は（因果的な）帰納を正当化できません。（因果的な）帰納を正当化しうる「自然の斉一性」が（因果的に）帰納される信念であるのなら、そもそも「自然の斉一性」に合理的な正当性がないことになるからです。

一般化の正当性

以上から、（因果的な）帰納は「自然の斉一性」に正当化されない、といえます。もちろんヒューム自身は因果的な帰納についてのみ論じています。しかし、彼が論じる正当化の問題は、あらゆる帰納に当てはまります。私たちが日常的に抱く帰納的な信念も、科学者が理論的に行う帰納的な推論も、彼の論じる「帰納の問題」から逃れられません。まさに「ヒュームの（Humean）苦境は人間の（human）の苦境である」（Quine 1969, 72）わけです。また、彼は自らの知覚論の枠組みでそれを論じていますが、「帰納の問題」それ自体は彼の哲学（の研究）に収まるものではありません。そうではなくて、それ（を問題として解決しようと腐心すること）は（cf. 久米 2000, 4-5）、まさに「哲学のスキャンダル」と言われるように（cf. Broad 1951, 143）、それ自体で論じられる（べき）哲学全体の問題なのです。

とはいえ、そもそも「帰納の問題」とはどのような問題であるのでしょうか。これまで見てきたように、彼が「自然の斉一性」を通して辿り着いたのは、帰納に正当性がないという苦境でした。たしかに「自然の斉一性」の原理は帰納を正当化するように見えました。しかし、「自然の斉一性」それ自体が帰納的な信念であれば、そこで論点先取（か悪循環）に陥ります。だから、「自然の斉一性」にはそもそも正当性がないことになる。そして、それはもちろん帰納を正当化できなくなります。

さて、こうして彼の「帰納の問題」を振り返ってみると、そこでどうにかすべきは「自然の斉一性」ではないでしょうか。つまり、帰納の正当化の鍵を握るのは「自然の斉一性」の正当性でしょう。もちろんそれは帰納を合理的に正当化しません。なぜなら、「自然の斉一性」それ自体が帰納的な信念だからです。しかし、もし仮に「自然の斉一性」に何か他の正当性があったら、それは帰納をどのように正当化するのでしょうか。

たとえば、私たちは、自らの経験から帰納すれば、「太陽は明日も東から昇る」と信じるでしょう。しかし、どうしてそれを信じることは正しいのでしょうか。もちろん、このときに「太陽は常に東から昇る」と信じるのなら、それを信じることは正しいといえます。というのは、個別的な信念は一般的な信念（の全称例化）から（論理的に）正当に導出できるからです。「太陽は明日も東から昇る」ことは明らかに「太陽は常に東から昇る」ことに含まれます。「太陽は常に東から昇る」と信じる人は正当に「太陽は明日も東から昇る」と信じられます。でも、そのような一般的な信念はもちろん帰納的に推論されるものです。たとえば、私たちは、「太陽が東から昇る」という個別事例を経験しなければ、「太陽は常に東から昇る」という一般法則を帰納しません。「事実の問題」においては個別的な経験が一般的な法則に先立たなくてはなりません。とはいえ、どうして私たちの帰納は、経験している個別的な事例から、（経験していない個別的な事例を含む）一般的な法則へと飛躍できるのでしょうか。ここに「自然の斉一性」は要請されます。なぜなら、自然の歩みが常に斉一的であれば、経験外の自然の歩みが経験内の自然の歩みと同じになるからです。こうして帰納は個別的な経験から一般的な法則へと飛躍します。

ようするに、私たちの個別の経験は「自然の斉一性」によって経験外のところでも妥当するように一般化されます。たとえば私たちには未経験の時間や場所があります。しかし、「自然の斉一性」が正しいのなら、私たちの既経験の事例は未経験の時点や地点でも妥当することになります。すなわち、自然の歩みがいつでもどこでも斉一的であるのなら、「太陽はいつでもどこでも東から昇る」というわけです。――とはいえ、ここでは、「太陽」と「東」が地球との関連で理解されるので、「どこでも」が指示する場所は地球上の「どこでも」に制限されるでしょう。

とはいえ、もちろん「太陽が東から昇る」ことだけが自然の歩みではありません。なぜなら、太陽だけでなく、たとえば、地球や木星はもちろん、アンドロメダ銀河やブラックホールでさえ、自然の一部であるからです。さらに、私たちの身の回りの鉱物や動植物が自然のものであるなら、それらを構成する原子や素粒子もまた自然に含まれます。あるいは、私たち人間も自然の一部である、といえるし、だとすれば、人工物でさえ自然の一部になるのかもしれません。ようするに、この世界のすべてが自然（の一部）でありうる。そのため、あらゆる物事の一般法則が「自然の斉一性」には含まれます。さもなければ、斉一的に歩むのは、自然でなくなってしまいます。自然の歩みが斉一的であるのなら、世界のすべての歩みが斉一的でなければなりません。すると、ここには別の一般化があることになります。すなわち、ここでは、常に斉一的であることが、――たとえば太陽の見え方や地球の動き方だけでなく、――世界のすべての歩みに妥当するように一般化されます。

かくして「自然の斉一性」はすべてを一般化することになる。まず、自然が斉一的に歩むのは、常にでなければなりません。だから、そこでは時間と空間の差異が捨象され一般化されます。また、常に斉一的に歩むのは、自然でなければなりません。だから、そこでは物事の差異が捨象され一般化されます。もちろん、「自然の斉一性」はそれ自体が帰納的な信念ですから、帰納を合理的に正当化するわけではありません。しかし、私たちの帰納は、「自然の斉一性」なしには、個別的な経験から一般的な法則へと飛躍できません。つまり、どんな帰納的な一般化にも「自然の斉一性」は要請されます。すると、帰納の正当性の鍵となるのは、やはり「自然の斉一性」による一般化なのではないでしょうか。

たしかに、個別的な（信念を推論する）帰納の正当性は、一般的な（信念を推論する）帰納の正当性に回収されるでしょう。あるいは、前の章で定式化した二つの帰納で言えば、別の一回を導く（1）の帰納の正当性は、一般化を導く（2）の帰納の正当性に還元されるでしょう。というのは、

――（2）の帰納が正当であるのなら、――個別的な（1）の帰納は、一般的な（2）の帰納の全称例化から、論理的に正当に導出できるからです。すると、「帰納の問題」とは、まさに一般化の正当性の問題なのかもしれません。なるほど、もしかしたら、それを論じたヒューム自身の関心は、帰納的な一般化は正当化できるのか、という認識論的な問題でなく、帰納的な信念はどのように精神に生じるのか、という心理学的な問題にあったのかもしれません（ビービー 2014, 25）。しかし、彼の関心が認識論にない（と解せる）としても、彼の論じる「帰納の問題」には一般化の正当性の問題が明らかに読み取れます。つまり、彼の「帰納の問題」は、彼の関心とは独立に、一般化の正当性の問題でありうるわけです。だから、いわゆる「帰納の問題」とは、標準的に（誤？）解されるなら、一般化の正当性の問題であるわけです。

あるいは、もしかしたら、俗に「帰納の問題」と言われるのは、「一般化についての懐疑論の問題」（Hacking 2006, 176）よりは、むしろ「未来についての懐疑論の問題」（ibid.）であるかもしれません。とはいえ、ここで「未来についての懐疑論の問題」とは「（…）過去の対象や出来事についての既知の事実が、未来の対象や出来事についての信念に理由を与えることに、疑問を投げかける」（ibid.）ものであるので、多くの哲学者が考えるように、それら二つの懐疑論の問題はやはり等価であるでしょう（ibid.）。というのは、もちろん、ヒュームが「自然の斉一性」を軸に論じた「帰納の問題」が、「（…）個別の予測は正当な一般化に基づかなければならないという見解に、かなりの信用を与えている」（ibid.）からです。

しかし、だとすれば、どうして「ヒュームは〔一般化への推論よりも〕未来への推論に焦点を当てた」(ibid. xxvii) のでしょうか。もしかしたら、彼自身はそれらを等価の問題と見ていなかったのでしょうか。

なるほど、未来についての信念を例に引けば、たしかに「帰納の問題」を単純かつ明快に言い表せるかもしれません (Will 1995, 3)。しかし、「(…) 帰納法の正当性の問題はけっして未来の対象や出来事についての推論に制限されない」(ibid.) でしょう。というのは、個別的な (信念を推論する) 帰納の正当性は、それがいつどこのことであろうと、すべて一般的な (信念を推論する) 帰納の正当性に帰されるからです。もちろん未来のことは帰納的に推論されなければなりません。なぜなら、未来のことは (まだ) 誰にも経験されていないからです。しかし、それが具体的な未来のことであるなら、それは個別的な信念 (を推論する帰納) でなければなりません。《そもそも、一般的な未来なんて、あるのでしょうか? また、ある信念が個別的であるとして、それが (過去でなく) 未来についてのものである (とわかる) のはなぜでしょうか?》そして、個別的な (信念を推論する) 帰納は、一般的な (信念を推論する) 帰納が正当であるときには、正当であることになります。そのため、個別的な信念 (の内容) の時制が未来であるかどうかは、信念 (を推論する帰納) それ自体が正当であるかどうかを左右しません。だから、未来についての信念 (を推論する帰納) は、そして、もちろん過去や現在についての信念 (を推論する帰納) も、正当な一般化についての信念 (を推論する帰納) に基づくときに、正当であることになるわけです。

ようするに、帰納（される信念）の正当性が問題になるときに、（帰納される）信念（の内容）の時制は論点になりません。だから、そのときには、（1）の帰納が推論する未来についての信念は、（2）の帰納が推論する一般化についての信念の一例にすぎません。たとえばミル（John Stuart Mill）は次のように書いています。

（…）時間の変様である現在と過去と未来は、信念そのものや信念の根拠とは何の関係もない。私たちは、火は、昨日も今日も燃えたから、明日も燃えるだろう、と信じる。しかし、私たちは、まったく同じ根拠に基づいて、火は、私たちが生まれる以前にも燃えていたし、このまさに同じ日に交趾支那でも燃えている、と信じるのである。私たちは、過去そのものから未来そのものへ推論するのではなく、知られていることから知られていないことへ推論する。あるいは、観察している事実から観察していない事実へ推論する。または、私たちの知覚していることや直接に意識していることから、私たちの経験に入っていないことへ推論する。この後に述べられたことの中には、未来のすべての領域が含まれるだけでなく、現在や過去の広大な部分も含まれるのである。（Mill 1973, 307）

つまり、ミルにとっては、帰納は「経験からの一般化」（ibid. 306）に他なりません。彼によれば、帰納とは、経験されている個別的な物事から、（あらゆる経験していない個別的な物事を含む）一般的な物事への推論なのです。

そのため、別の一回を導く（1）の帰納に推論されるのは、未来についての信念である必要はありません。もちろん次の一回もまた別の一回ではあるでしょう。しかし、そこで帰納される別の一回の時点は過去であるかもしれません。あるいは、現在の別の一回の地点がそこで帰納されるかもしれません。すなわち、いつどこの物事であろうと、それが個別的であるのなら、それは（1）の帰納に推論されなければなりません。私たちの経験にない個別的な物事はすべて別の一回についての信念（の内容）であるからです。

そして、個別的な（1）の帰納の正当性はすべて一般的な（2）の帰納の正当性に帰されます。（2）の帰納が正当であるなら、その一例である（1）の帰納はその全称例化によって正当に導き出せるからです。すると、帰納（的に推論される信念）の正当性が問題になるときに、別の一回を導く（1）の帰納の正当性が個々に問われる必要はありません。そうではなくて、帰納が「経験からの一般化」であるのなら、そのときには一般化を導く（2）の帰納の正当性が問われれば十分であるはずです。ようするに、帰納（的に推論される信念）の正当性の問題とは帰納的な一般化の正当性の問題でしかありません。だから、「未来についての懐疑論の問題」は「一般化についての懐疑論の問題」に回収されるわけです。だから、多くの哲学者がそれらを等価の問題と見るわけです。いわゆる「帰納の問題」とは（標準的な解釈では）帰納的な一般化の正当性の問題であるのです。

第6章 どのような帰納がどうして正しいのか？

――帰納の認識論

私たちに一般的な経験はありません。経験は（なぜか）すべて個別的です。しかし、帰納は個別の経験を一般化します。もちろん、「自然の斉一性」が正当な原理であるのなら、帰納はそれを正当に成し遂げるでしょう。しかし、「自然の斉一性」はそれ自体が帰納的な信念なのではないでしょうか。すると、私たちの帰納に正当な根拠はないのでしょうか。あるいは、もしかしたら、「自然の斉一性」は何か別の信念なのでしょうか。そして、もしそうだとしたら、帰納的な一般化の正当性はどうなるのでしょうか。私たちは正しく帰納できるのでしょうか。いや、そもそも帰納の正しさとは何なのでしょうか。一体どんな帰納が正しい（といえる）のでしょうか。これらの問いを考えるため、本章では、まずは帰納の認識論的な問題を確認します。また、ヒュームの自然（本性）主義を通して、それに対する（懐疑論的な）解決を検討します。

認識論の問題

たとえば、「これまでに太陽は毎日に昇っている」からといって、どうして「これからも太陽は必ず昇ってくる」といえるのでしょうか。もしかしたら、「明日だけは太陽は昇ってこない」かもしれません。もちろん「自然の斉一性」を信じる人はそのような例外を信じられません。というのは、「自然の斉一性」を信じることは、これまで起こって来たこと、あるいは、これから起こることのすべてが、ある一般法則の一例であって、そこには例外がまったくない、と信じることである」(Russell 1990, 63) からです。ようするに、「自然の斉一性」を信じる人は、「これからも太陽は常に昇ってくる」と信じるのだから、「明日もまた太陽は昇ってくる」と信じることになる。だから、ここで「論じなければならないのは、「自然の斉一性」を信じる理由があるかどうか、という問題である」(ibid.) のです。

もちろん、「明日もまた太陽は昇ってくる」という個別の信念は、実際には外れてしまうかもしれません。しかし、太陽の見え方は自然の一部でしかありません。たとえばラッセルは次のように述べています。

> 太陽は明日も昇るだろうという信念は、地球が自転を止めるほど巨大な物体と衝突したら、反証されるかもしれない。しかし、そのような出来事によって、運動法則や重力法則が破られるわけではない。科学の仕事は、運動法則や重力法則のような、私たちの経験が及ぶかぎり例外のない、斉一性を発見することである。この探求において科学はこれまで著しく成功している。そのような斉一性は今までのところは保たれている、と認めてよい。だが、ここで私たちは初

めの問題に連れ戻される。すなわち、そのような斉一性が、過去に必ず成り立っていたことを受け入れるなら、未来に成り立つことを信じる理由があるだろうか。(ibid. 64)

ここで「帰納の問題」の鍵となるのは、やはり「自然の斉一性」の正当性に他なりません。だから、いわゆる「帰納の問題」とは「自然の斉一性」による一般化の正当性の問題であるわけです。すると、明らかに「未来についての言及はこの問題に本質的ではない」(ibid. 65) でしょう。なぜなら、私たちが経験していない過去や現在の自然についても同じ問題は生じるからです。たとえば、どうして私たちは「人類が誕生する以前にも太陽は常に昇っていた」といえるのでしょうか。あるいは、どうして私たちは「誰も観測していないところでも運動法則は破られていない」といえるのでしょうか。

とはいえ、異なる時制について個別に帰納する必要はもちろんありません。なぜなら、個別的な帰納(に推論される信念)は一般的な帰納(に推論される信念)の一例であるからです。たしかに無数の時点や地点における自然を個別に帰納することはできるかもしれません。しかし、個別的な帰納(に推論される信念)の正当性は一般的な帰納(に推論される信念)の正当性に与ります。だとすれば、私たちが先に帰納すべきは、一般的な信念なのではないでしょうか。そして、もちろん個別的な信念は折に触れて何度も個別に帰納すべきではありません。そうではなくて、個別的な信念は後で一般的な信念の一例として導出すればよいのです。だから、先ずもって帰納されるべきは一般的な信念であって、それゆえに、帰納的な一般化の正当性が問われるわけです。

さて、帰納（的な信念）について「自然の斉一性」による一般化の正当性が問題であるのなら、いわゆる「帰納の問題」は認識論的な問題であることになる。というのは、そこで問われるのは、帰納（的な信念）それ自体の正当性であるからです。すなわち、そこでは、帰納（的な信念）は（どうして）正当であるのか、と問われます。また、正当な帰納からは知識が得られるかもしれません。すると、そこでは、帰納的な信念が（どうして）知識になるのか、と問われるかもしれません。これが認識論の問いであることは明らかでしょう。

なお、ここで「知識」とはもちろんヒュームが言うところの「知識」ではありません。つまり、それは「観念の関係」について論証的に知りうることではありません。そうではなくて、ここで私が言いたいのは、——彼の用語法ではむしろ「立証」と呼ばれるべきかもしれませんが、——「事実の問題」について帰納的に知りうることです。たとえば、私たちは「明日も太陽が昇る」ことを知っている、といえないでしょうか。あるいは、私たちは「すべての人がいつか死ぬ」ことを知っている、といえないでしょうか。もしいえるとすれば、「明日太陽が昇ることは、あるいは、すべての人間が死ななければならないことは、たんに蓋然的であるにすぎない、と言おうとする人は、滑稽に見える」（T 1.3.11.2）のではないでしょうか。

ようするに、私たちは、経験していないことでさえ知っている、といえるでしょう。少なくとも日常的な会話ではそういえます。だから、日常的には帰納的な知識を含む会話は十分に可能でしょう。私たちは日々、経験していないことを知るために、帰納しているのです。

とはいえ、帰納的な知識については、「自然の斉一性」による一般化の正当性がなおさら問われます。というのは、知識が正当な（真なる）信念であるのなら、そもそも正当でない知識はありえないからです。たしかに、たとえば明日の太陽について、個別的な知識は成立するかもしれません。しかし、それが知識であるのなら、それは一般的な知識の一例でなければなりません。さもなければ、個別的な知識はどうして正当になるのでしょうか。もしかしたら、それが信念であるのなら、正当化はいらないかもしれません。なぜなら、正当でない信念はありうるからです。でも、それが正当な信念であるなら、どうでしょうか。個別的な信念はどうしたら正当になるのでしょうか。それはもちろん、それを一例とする一般的な信念が正当であるときに、正当になるでしょう。個別的な信念の正当性は一般的な信念の正当性に与るからです。かくして、帰納的な知識については、一般化の正当性がいっそう問われることになります。

もちろん、「自然の斉一性」による一般化の正当性は、あくまで「帰納の問題」です。だから、すべての個別的な知識について、一般化の正当性が問われるわけではありません。たとえば、自分が食べた昨日の夕食を思い出すのに、一般化の正当性は問われません。というのは、私たちが直接に経験し（記憶し）ていることを知るのに、そもそも帰納は必要ないからです。しかし、私たちが経験していないことを知ろうとするなら、帰納的な一般化の正当性が問われます。というのも、経験していないことは、――知られるとすれば、――帰納的に知られるしかないからです。

したがって、私たちの経験と記憶の正当性は「帰納の問題」になりません。あるいは、ヒュームの知覚論に倣って言えば、印象と記憶（の内容）がどうして正しいのかは、「帰納の問題」ではありません。なぜなら、印象と記憶は、推論されるのではなく、直接に知覚されるからです。もちろん健全な帰納は正しい経験（の記憶）を前提としなければなりません。しかし、いわゆる「帰納の問題」は帰納（的な信念）それ自体が妥当かどうかを問題にします。すなわち、帰納（的な信念）はどうして正しいのか。これが標準的な「帰納の問題」です。つまり、「帰納の問題」は標準的には認識論の問題なのです。この認識論的な問題の鍵を握るのは、もちろん「自然の斉一性」による一般化の正当性です。だから、そこで問題になるのは、彼の用語法で言えば、（信念と空想から成る）想像の観念に他なりません。すなわち、帰納的な想像（の内容）はどうして正しい（といえる）のか。あるいは、どうしたら帰納は、空想でなく、信念を想像することができるのか。彼の知覚論に倣うなら、帰納を巡る認識論的な問題はこのように言い表せるでしょうか。

懐疑論的な解決と自然（本性）主義

帰納（的な信念）には認識論的な問題があります。それは「自然の斉一性」による一般化の正当性の問題です。というのは、個別的な帰納の正当性は一般的な帰納の正当性に帰着するからです。

しかし、私たちは一般的な帰納は正当化できそうにありません。なぜなら、帰納的な一般化を可能にする「自然の斉一性」それ自体に正当な理由がないからです。もちろん「自然の斉一性」は「(…)帰納の基本原理あるいは一般公理である」(Mill 1973, 307)でしょう。また、たしかに「諸現象間に存在する多くの斉一性は大いに恒常的で常に観察できるように開かれている(…)」(ibid. 318)かもしれません。とはいえ、もしミルが、それゆえに帰納的な一般化は正当である、と考えるのなら、もちろん彼は間違っています(cf. Salmon 1953, 40)。というのも、ヒュームが論じるように、個別的な諸斉一性の経験から一般的な「自然の斉一性」の原理が生じるなら、「自然の斉一性」それ自体が帰納的に推論されることになるからです。そして、帰納的な信念である「自然の斉一性」が「帰納の基本原理」になるなら、論点先取(か悪循環)に陥るので、結局のところ帰納的な一般化は正当化されなくなります。

では、私たちは帰納の認識論的な問題にどのように向き合えばよいのでしょうか。たとえば、「自然の斉一性」が「観念の関係」から論証されるなら、あるいは、原因と結果の必然的な結合がアプリオリに分析されるなら、それはいわば正面から解決されることになるでしょう(Kripke 1982, 66)。しかし、もちろん、「自然の斉一性」も因果的な必然性も、「観念の関係」についての分析的な論証でなく、「事実の問題」についての帰納的な信念であるので、帰納的な一般化の正当性の問題は正面からは解決されません。すなわち、帰納の認識論的な問題に正面からの解決はありません。そのため、私たちはここで正面からの解決を望むべきではありません。そうではなくて、私たちがヒュームと共に試みるべきは、懐疑論的な解決であるのかもしれません。

そもそも、懐疑論的な解決が始まるには、懐疑論的な問題に対する正面からの解決が不可能であることが受け入れられなければなりません（ibid.）。すなわち、帰納の認識論的な問題の懐疑論的な解決は、まずは帰納的な一般化の正当化が不可能であることを受け入れなければなりません。しかし、ここで懐疑論的な解決は、私たちの帰納（的な信念）はそれでもなお正当であることを示さなければなりません（cf. 飯田 2016, 92-93）。さもなければ、それは解決にならないからです。

では、帰納の認識論的な問題の懐疑論的な解決は、どのように帰納（的な信念）を正当にするのでしょうか。たとえばクリプキ（Saul A. Kripke）は次のように書いています。すなわち、「（…）私たちの通常の〔帰納的な〕実践や信念は、――反対に〔正当化を求める必要があるように〕見えるが、――懐疑論者が擁護不可能なことを示した正当化を求める必要はないがゆえに、正当化されている」（Kripke 1982, 66）、と。たしかに帰納の認識論的な問題は帰納的な一般化に正当化を要求してきます。とはいえ、実は私たちは日々そのような正当化なしに正しく帰納しているのではないでしょうか。そして、もしそうだとしたら、要求される正当化は実はそもそも必要ないのかもしれません。すると、帰納の認識論的な問題は懐疑論的な解決によっていわば問題ごと解消されることになる（cf. 久米 2000, 3-5）。私たちの帰納（的な信念）には要求する正当性が必要ないからです。

ところで、ヒューム自身の懐疑論的な解決は、自然（本性）主義的な解消である、といえるかもしれません（ibid.）。というのは、彼にとって、「自然の斉一性」の信念や因果的な必然性の信念は、そもそも、理性的な正当性（や不当性）に与りうるものでなく、私たち人間の（自然）本性上どうしても抱かざるをえないものである、と考えられるからです（cf. 一ノ瀬 2009, 264; 久米 2005, 37）。だから、たとえば私たちが原因から結果へと帰納するとき、彼によれば、「（…）私たちの想像は第一の〔原因の〕対象から第二の〔結果の〕対象へと自然な移行によって移る」（T 1.3.13.8 強調傍点引用者）わけですが、この自然（本性）的な移行は「〔理性的な〕反省に先行し阻止されない」（ibid.）のです。そして、それゆえに、原因と結果が結合することは、あるいは、自然の歩みが斉一的であることは、「（…）まったく〔理性的な〕証明の余地がありえないのだが、私たちは何の〔理性的な〕証明もなしに当然のこととしている」（A 14）のです。

　私たちが（自然）本性上もたざるをえない信念は「自然的な信念（natural belief）」と呼ばれます。――なお、「自然的な信念」は、ヒューム自身の用語でなく、彼の論じる一群の信念にケンプ・スミスが用いる呼称です（一ノ瀬 2009, 264）。――たとえば、因果的な必然性の信念や「自然の斉一性」の信念の他には、人格の同一性の信念が「自然的な信念」に含まれるかもしれません（cf. Kemp Smith 1995, 209-210）。あるいは、外的な存在の信念は明らかに「自然的な信念」であるでしょう（cf. ibid. 209; 一ノ瀬 2009, 264）。すなわち、外的な物体が存在することは、理性的に正当（や不当）なことでないとしても、「（…）私たちのあらゆる論究において当然のこととしなければならない」（T 1.4.2.1）のです。というのは、さもなければ、私たちは何かを考え（何かをす）るための基底を失くしてしまうからです。すなわち、「自然的な信念」は私たちが人間的に思考し行為する基礎である、といえます（cf. 久米 2005, 37-38）。だから、たとえば、ヒュームが言うように、因果的な必然性の信念は、「（…）私たちのあらゆる思考と行為の基礎であるので、それがなくなるなら、〔私たち〕人間の自然本性は直ちに枯れ滅びるしかない」（T 1.4.4.1）でしょう。

ようするに、彼の自然（本性）主義によれば、因果的な必然性の信念や「自然の斉一性」の信念は、――外的な存在の信念（や人格の同一性の信念）と同じく、――私たち人間の（自然）本性上もたざるをえない「自然的な信念」であるので、そもそも理性的な正当化（や懐疑論）が及ぶものではありません（cf. Kemp Smith 1995, 208-209）。そして、それゆえに、帰納の認識論的な問題は、理性的に正面から解決されるのではなく、――正面からの解決を求める問題（と徒労）と共に――自然（本性）主義的に解消されるのです。

精神の決定と因果的な必然性

さて、私たちの帰納（的な信念）は、ヒュームの自然（本性）主義によって、一般化の理性的な正当化を回避する一方で、他の何らかの正当性を確保する必要が出てきます。というのは、彼の自然（本性）主義は帰納の認識論的な問題の懐疑論的な解決になるからです。では、ヒューム自身はそれをどのように成し遂げるのでしょうか。つまり、私たちの帰納（的な信念）はどうしたら正しくなるのでしょうか。

実のところ、私たちは彼の答え方をすでに知っています。というのは、彼（の知覚論と因果論）によれば、私たちの帰納は、原因と結果の関係に基づいて、活気ある信念を導くときに（こそ）、正しくなる、といえるからです。もちろん、私たちが原因と結果の間に見いだせるのは、必然的な結合ではなく、恒常的な連接にすぎません。しかし、彼によれば、私たちは、因果的な帰納において「（…）一方の印象から他方の（…）信念へと移行するときに、（…）理性によって決定されるのではなく、（…）習慣によって決定される」（T 1.3.7.6）のです。なるほど、たしかに習慣とは「過去の反復から何の新たな推論もなしに生じる」（T 1.3.8.10）ものです。また、恒常的な連接とはもちろん過去に連接が繰り返されていることです。それゆえに、「（…）〔私たちの〕精神は、〔原因と結果の連接の〕頻繁な反復の後では、一方の対象が現れると、それに常に伴っていた〔他方の〕対象を考えるように、また、（…）それをより強い光の下で〔生き生きと〕考えるように、習慣によって決定される（…）」（T 1.3.14.1）わけです。

とはいえ、もちろん原因と結果の恒常的な連接は帰納（的な信念）を正しくするのに十分でありません。というのは、たとえば原因の観念は結果の信念を生むとはかぎらないからです。たしかに、原因の観念であろうと、原因の印象であろうと、――「暗闇で私たちが心に抱く赤の観念」と「日向で私たちの目に入る赤の印象」が同じ赤を（事象）内容としなければならないように、――それらの（事象）内容は同じ原因でなければなりません。また、結果の信念であろうと、結果の空想であろうと、それらは同じ結果を（事象）内容としなければなりません。そのため、たとえば、原因の印象からは結果の信念が正しく帰納されるでしょうが、それが原因の印象でなく原因の観念であるなら、知覚の（事象）内容の習慣的な移行はそのままであるが、おそらく結果の観念の活気（の程度）は信念に達しないでしょう（T 1.3.8.11）。だから、結果の信念が本当に帰納されるには、「現前する印象が（…）絶対に必要である」（ibid.）ことになる。すなわち、彼（の知覚論）によれば、「私たちに何か印象が現前するときには、それは、精神をそれに〔因果的に〕関係する観念に運ぶだけでなく、その観念に勢いと活気を分け与えもする」（T 1.3.8.2）のです。だから、信念（の活気）は、――程度は劣りますが、――印象（の活気）を真似て、私たちの情念（と行為）に影響します（T 1.3.10.3）。もちろん、信念（の内容）が現実と信じられるのは、信念（の活気）に現実の感じが感じられるからです。しかし、彼（の経験論的な知覚論）にとっては、現前する今ここの印象の現実（の感じ）こそが、あらゆる現前しない現実（の感じ）の源泉なのです。だから、信念の（活気に感じる）現実は印象の（活気に感じる）現実に与らなければなりません。

それゆえに、私たちの帰納（的な信念）は、原因と結果の恒常的な連接が信念の内容を決定し、現前する印象が信念に活気を分与するときに、正しくなる、といえるでしょう。このことをヒューム自身は次のようにまとめています。

（…）原因ないし結果からの（…）推論は、（…）或る二つの対象が過去のすべての経験で恒常的に連接していることと、現前する〔印象の〕対象がそれら二対象のどちらかに類似することに、基づいている。〔…〕現前する〔印象の〕対象は想像を生き生きと活気付け、恒常的な結合と類似はこの勢いと活気を〔因果的に〕関係する〔対象の〕観念に伝える。そして、それゆえに、私たちは、それを〔現実と〕信じる〔…〕、と言われるのである。（T 1.3.12.25）

ようするに、恒常的に連接する原因と結果のうち、たとえば、原因の印象が現前すると、結果の信念が正しく帰納されます。——あるいは、結果の印象が現前すると、原因の信念が正しく帰納されますが、原因が結果に時間的に先行することが自然であるのなら、結果から原因への帰納は原因から結果への帰納よりも自然ではないのかもしれません（cf. T 2.3.7.8）。——もちろん、このときに理性的な正当性は要りません。というのは、このとき私たちは理性的な推論なしに習慣的に自然と帰納してしまうからです。

また、私たちは、原因の印象が現前すると、結果の信念を想像するように「(…) 精神が決定されるのを直ちに感じる」（T 1.3.14.20）かもしれません。すると、そのような精神の決定される感じの印象が私たちに（因果的な）必然性の観念を与えるのかもしれません（T 1.3.14.1）。すなわち、ヒューム（の因果論）によれば、原因と結果が結合する必然性の観念は、精神が感じる原因から結果への（または結果から原因への）移行の決定ないし傾向の印象から生じることになる（T 1.3.14.22）。だから、因果的な必然性が私たちの帰納の合理的な基盤であるわけではありません。そうではなくて、むしろ私たちの習慣的な帰納が因果的な必然性の起源であるわけです。あるいは、彼の言い回しを借りるなら、「(…)推論が必然的な結合に依存するのでなく、必然的な結合が推論に依存する」(T 1.3.6.3) のです。

ところで、因果的な信念が現前する印象から習慣的に帰納されるとき、そこで為されるのは、一般化の信念を推論する(2)の帰納でなく、別の一回の信念を推論する(1)の帰納です。まず、そのような習慣的な帰納の契機となるのは、現前する原因(か結果)の印象であるので、明らかに個別的な(内容の)知覚でしょう。というのは、「すべての印象は(…)消滅する存在である」(T 1.4.2.15) からです。また、ヒューム(の知覚論)によれば、そもそも、「自然のすべてのものは個別的なものである」(T 1.1.7.6) ので、それ自体で一般的な(内容の)知覚はありません。そうではなくて、一般的な(内容の)観念は、或る個別的な(内容の)観念が代表で思考され、それが類似する他の個別的な(内容の)観念を適当に喚起することで、思考される。だから、そもそも、(2)の帰納に推論される一般化の信念でさえ、「(…)その代表の働きがどれほど一般的になろうと、それ自体は個別的なものである」(ibid.) わけです。したがって、個別的な原因(や結果)の印象が誘発する習慣的な帰納は、――後に代表的な働きによって一般的な信念が思考されるとしても、――先ずは個別的な結果(や原因)の信念を推論しなければなりません。すなわち、私たちが現前する印象から習慣的にしてしまう因果的な帰納は、一般的な(2)の帰納でなく、個別的な(1)の帰納であるのです。だから、個別的な(1)の帰納は、一般的な(2)の帰納が正当であるがゆえに、理性的に正当に為されるわけでなく、それゆえに因果的な必然性（や「自然の斉一性」）を要請しません。そうではなくて、個別的な（1）の帰納は、現前する原因（か結果）の印象から、むしろ習慣的に自然と為されるのです。

なるほど、理性的な正当性について言えば、（1）の帰納はたしかに（2）の帰納を拠り所とするでしょう。しかし、そこにはもちろん認識論的な問題が生じます。ですが、それが自然（本性）主義的に解決されるなら、習慣的な自発性について、（1）の帰納は（2）の帰納に先立つ、といえるでしょう。というのは、（2）の帰納は因果的な必然性（の観念）なしには一般的な信念を推論しえませんが、（1）の帰納が個別的な信念を習慣から自然と推論するところに因果的な必然性（の印象）は生じるからです。たとえば、原因の印象から結果の信念が自然と推論されると、私たち（の心）は信念（の内容）が決定されるのを感じるでしょう。そして、このときに感じる「精神の決定」の印象から、因果的な必然性の観念は生まれるわけです。だから、ヒューム（の因果論）によれば、（一般的な）帰納の正当性が因果的な必然性に依存するのではなく、因果的な必然性が（個別的な）帰納の自発性に依存するのです。

すると、理性的な正当性については一般的な（2）の帰納が基礎的であるが、習慣的な自発性については個別的な（1）の帰納が基礎的である、といえるでしょう。とはいえ、それらのうち、どちらか一方だけが本当の帰納であるというわけではありません。つまり、それら二つはどちらも帰納（的な信念）です。私たちの帰納（的な信念）には個別的なものと一般的なものがあります。このことは彼が因果に二つの定義を与えることに類比的です。すなわち、因果（関係）とは、第一には、「或る対象が別の対象に先行かつ隣接し、それと深く結び付いているため、一方（the one）の観念が他方（the other）の観念を形成するように、精神を決定する」（T 1.3.14.31）ことであるが、第二には、「或る対象が別の対象に先行かつ隣接し、そこで、前者に類似するすべての対象（all the objects）が、後者に類似する対象（objects）に対して、先行と隣接の似た関係に置かれる」（ibid.）ことである、と。もちろんこれらはどちらも因果（関係）の定義です。しかし、彼によれば、因果（関係）は、自然的な関係と見なされるなら、前者のように、哲学的な関係と見なされるなら、後者のように、言い表されるのです（ibid.）。さて、ここで個別的な（1）の帰納と一般的な（2）の帰納が二つの因果（関係）の定義に重なることは明らかではないでしょうか。なぜなら、因果（的な帰納）は、自然的な関係としては個別的な信念を導くけれど、哲学的な関係としては一般的な信念を導くからです。

すると、個別的な（1）の帰納と一般的な（2）の帰納はそれぞれ「自然的な帰納」と「哲学的な帰納」と呼べるかもしれません。しかし、個別的な（1）の帰納がすべて自然的な帰納であるわけではありません。たしかに、（2）の帰納から生じる一般的な信念には「すべての対象」が含まれますが、「すべての対象」がそこで自然と結び付くとは思えません。すなわち、そこにはむしろ「恣意的な結び付き」（T 1.1.5.1）が必要であって、それゆえにそれは「哲学的な帰納」といえるかもしれません（cf. ibid.）。しかし、（1）の帰納が「一方の観念」から「他方の観念」を導くとき、それは本当に「自然的な帰納」といえるでしょうか。もちろん自然的な帰納はすべて個別的な（1）の帰納に他なりません。そのため、哲学的な帰納の問題が一般化にあるのなら、自然的な帰納の問題は一回性にある、とはいえるかもしれません。しかし、自然的な帰納から信念が生じるには、やはり「現前する印象が（…）絶対に必要である」でしょう。すると、（1）の帰納は、「一方の印象」から他方の信念を導くときにこそ、本当に自然的であるのかもしれません。

したがって、本当に自然的な帰納から生じるのは、――もちろん一般化についての信念ではありませんが、――他の任意の一回についての信念ではありません。そうではなくて、そこに生じるのは、まさに次の一回についての信念です。なぜなら、それは今（ここ）に現前する印象から生じるからです。そもそも、他の任意の一回についての信念は、それに類似する（内容の）他の個別的な諸観念を代表しうるので、一般化についての信念を演じ務めるかもしれません。すると、他の任意の一回と一般化の間に、実質的な差異はなくなります。しかし、現前する原因の印象から帰納される信念は、それに続く次の一回の結果でなければなりません。もちろん次の一回についての信念は他の一回の信念と同じように並列的に一般化されません。なぜなら、それは、他の一回でなく、次の一回であるからです。

ようするに、自然（本性）主義的には、個別的な（1）の帰納が一般的な（2）の帰納より基礎的である、といえます。もちろん、ヒューム（の因果論）によれば、それは原因と結果の恒常的な連接に基づく習慣的なものでなければなりません。しかし、個別的な信念を導く因果的な帰納は、彼の「自然的な関係」に倣えば、「自然的な帰納」といえるかもしれません。もちろん、自然的な帰納から本当に信念が生じるには、現前する原因（か結果）の印象が欠かせません。すると、――原因から結果への帰納が結果から原因への帰納より自然であるなら、――現前する原因の印象から、次の一回の結果の信念を導く帰納こそが、本当に自然的である、といえるのではないでしょうか。すなわち、自然（本性）主義的には、自然的な帰納こそが正しい、といえるのではないでしょうか。

正当な帰納の定義

ところで、個別的な（1）の帰納と一般的な（2）の帰納の間には、（悪）循環が指摘されるかもしれません。たしかに、自然（本性）的には、前者が後者より基礎的であるでしょう。なぜなら、後者に含まれる必然性の観念は、前者に感じる必然性の印象に由来するからです。しかし、論理的には、後者が前者より基礎的であるでしょう。なぜなら、前者は後者の全称例化から合理的に妥当に導出されるからです。それゆえに、必然性の自然（本性）的な由来については（2）の帰納が（1）の帰納に依存します。けれども、妥当性の論理的な導出については（1）の帰納が（2）の帰納に依存します。これはたしかに循環かもしれません。

でも、それは悪循環なのでしょうか。たとえばグッドマン（Nelson Goodman）は次のように書いています。

> これは明白な循環である。(…)演繹的な推論は妥当な規則との一致によって正当化される、しかし、一般的な規則は妥当な推論との一致によって正当化される(…)。だが、この循環は良性のものである。(…)〔一般的な〕規則と個別的な推論は、互いに他と一致させられることによって、どちらも同じように正当化される。〔一般的な〕規則は、私たちが受容したくない〔個別的な〕推論を生むときに、修正されるが、〔個別的な〕推論は、私たちが修正したくない〔一般的な〕規則を破るときに、拒絶される。正当化の過程とは〔一般的な〕規則と(…)〔個別的な〕推論を相互に調整する繊細なものである。双方に必要な唯一の正当化があるのは、その一致の達成の中なのである。(Goodman 1983, 64)

ここで彼は演繹の個別的な推論と一般的な規則について述べています。しかし、彼自身が言うように、「このことはすべて等しく帰納にも当てはまる」(ibid.)でしょう。すると、個別的な(1)の帰納と一般的な(2)の帰納は循環的に互いを正しくする、といえるのではないでしょうか。たしかに、後者が必然性の由来を前者に委ね、前者は妥当性の導出を後者に委ねる、と捉えるなら、それは悪性の循環に見えてきます。しかし、前者が後者の必然性の由来を補い、後者が前者の妥当性の導出を補う、と捉えるなら、どうでしょうか。それは良性の循環ではないでしょうか。

さて、個別的な（1）の帰納と一般的な（2）の帰納が互いを循環的に正しくする、といえるなら、グッドマンの言うように、「帰納の問題は、証明の問題でなく、妥当な予言と不当な予言の相違を定義する問題である」（ibid. 65）のかもしれません。つまり、帰納の認識論的な問題は、どうして帰納（的な信念）が正しいのかを証明する問題ではありません。なぜなら、それは、――たしかに伝統的には証明の問題でしたが、――懐疑論的に解決されると、定義の問題へと解消されるからです。すなわち、それは、どんな帰納（的な信念）が正しいのかを記述する問題になるわけです。

そして、自然（本性）主義によれば、正しい帰納の定義はもちろん次のようになるでしょう。すなわち、帰納（的な信念）は、現前する原因の印象から、次の一回の結果の信念を導くときに、正しいのである、と。こうして正しい帰納は誤った帰納から区別されるのではないでしょうか。

では、ヒューム自身はどのように正しい帰納と誤った帰納を区別するのでしょうか。たとえば彼の「事実の問題」については立証と（狭義の）蓋然性の区分があります。もしかしたら彼はこれらの区別から帰納の正誤を定義するかもしれません。すなわち、彼の考える立証は、「原因と結果の関係に由来し、疑いと不確かさから完全に逃れている」ので、正しい帰納と見なせるかもしれません。あるいは、彼の（狭義の）蓋然性は、偶然または諸原因に由来し（T 1.3.11.1）、「まだ不確かさが伴っている」ので、誤った帰納と見なせるかもしれません。もちろん、それらの間には段階的に異なる「確信の程度」が無数にあるので、そのような定義では帰納の正誤をはっきりと区別できません。しかし、それでも大まかには「確信の程度」から帰納の正誤を定義することはできるでしょう。つまり、（かなり）確信できる立証的な信念が生じるなら、それは正しいが、（あまり）確信のできない蓋然的な信念が生じるなら、それは誤っている、と言いたくならないでしょうか。

ところで、帰納の正誤を定義しうる「確信の程度」とは、知覚に感じる活気の程度に他なりません。というのは、彼（の知覚論）によれば、――ここで「生気のない印象」が何を意味するのかは明らかでありませんが、――「生き生きとした印象は生気のない印象よりも強い確信を生む」（T 1.3.13.2）からです。だから、もちろん、印象の次には、「（…）この活気は記憶においてもっとも著しく、それゆえに、記憶の真理性への私たちの信頼は、考えられるかぎり最大である」（T 1.3.13.3）ことになります。そして、次に活気があって確信できる観念は、むろん因果的に帰納される信念です（ibid.）。「特に、〔原因と結果の〕連接が完全に恒常的であると経験でわかっているとき、また、現前する〔印象の〕対象が経験してきた対象に正確に類似するときに（…）」（ibid.）、帰納的な信念の活気と確信の程度は（想像の観念の中で）最大になるはずです。なぜなら、「私たちが原因から結果へと移行するのは、習慣によってであり、また、私たちが〔原因の印象に〕相関する〔結果の〕観念に伝える活気を借りるのは、現前する印象からである」（ibid.）からです。かくして、観念の活気の程度に基づく「確信の程度」こそが、「（…）〔帰納的な〕蓋然性の本性である」（ibid.）、といえるでしょう。そして、それゆえに、やはり「確信の程度」は帰納の正誤を（大まかには）定義できるのではないでしょうか。すなわち、現前する原因の印象から、次の一回の結果の信念が生まれるとき、帰納はもっとも正しいのだ、と。

なるほど、もしかしたら、帰納の正誤（の定義）は「確信の程度」から確率論的に記述できるのかもしれません。――しかし、もちろん帰納（的な信念）が確率論的に正当化されるわけではけっしてありません。――たとえば、カルナップ（Rudolf Carnap）は、「帰納的な論理は演繹的な論理に確証の程度という概念を導入することで構築される」（Carnap 1945, 74）、と述べています。また、ライヘンバッハ（Hans Reichenbach）にとっては、「（…）帰納的な推論は（…）出来事の確率を発見するための最善の道具である（…）」（Reichenbach 1957, 245）ようです。とはいえ、ヒューム自身は帰納（的な信念）に確率論的な定義を与えたわけではありません。そのため、ここでは彼の確率論がどのようなものでありうるのかを大掴みに書き付けるにとどめましょう。

まず、帰納（的な信念）の「確信の程度」は、私たちの感じる活気の程度に比例し増減しますが、各個人で異なる主観的なものと解されるべきではありません。なぜなら、近世の哲学者たちの間に、知覚（の活気）の私秘性についての共通の了解はそもそもなく（一ノ瀬 2009, 239）、むしろ、彼らの念頭にある知覚（の活気）とは、「（…）人間が何かを理解しているという（公共的でありうる）状態のことを指す」（ibid.）かもしれないからです。すると、もちろんヒュームの確率論は主観（主義）的なものではありえません。つまり、彼は各人が個別に抱く「確信の程度」を確率と見るわけではありません。たしかに彼の確率論は「確信の程度」に基づきます。また、たしかに「確信の程度」は知覚に感じる活気の程度に基づきます。しかし、知覚の活気（の程度）は私たち個人の（心の）私秘性に与るものではありません。

また、彼の確率論は物理（主義）的な頻度説でもありません。すなわち、彼にとっての確率とは、（私たちの信念からは独立の）外的な対象の統計的な相対頻度ではありません。たしかに信念は私たちの精神に現れます。しかし、私たちの信念の内容はもちろん外的な対象でありえます。そのため、私たちが精神に感じる因果的な必然性もまた、（それが外的な対象についてのものであるのなら、）外的な世界の出来事に投影されうるのでなければなりません（cf. Stroud 2005, 86; Coventry 2007, 122）。するとと、外的な対象についての信念の「確信の程度」はもちろん外的な対象に投影されうるでしょう。しかし、あくまでも「確信の程度」は私たちが知覚に感じる活気の程度に由来するものです。だから、物理（主義）的な頻度説は彼の確率論ではありえません。

すると、彼の確率論にふさわしいのは、間個人（主義）的な確率あるいは論理（主義）的な確率であるかもしれません。（伊藤 2001, 61: cf. 一ノ瀬 2006, 35）。なぜなら、「確信の程度」が由来する知覚の活気の程度は、私たち人間の（自然）本性に与るものであるからです（伊藤 2001, 61）。たしかに知覚の活気（の程度）は私たちの各々が個人的に感じるものでしょう。しかし、「確信の程度」に基づく確率は個人の間で互いに異なるわけでありません。たとえば、サイコロの各目の出る確率は、あなたと私の間で異なるわけでありません。そうではなくて、「私たちは、［サイコロを］投げれば、六つの面のどれか一つが帰結しなければならない、と一般に結論する」（T 1.3.11.12 強調傍点引用者）はずです。すなわち、私たちは、同じように想像を不偏向にして、一般に共有できる確率を考えます。これが間個人（主義）的な確率です。「確信の程度」に基づく確率は、各個人の（心の）私秘性に左右されるものではありません。そうではなくて、それはむしろ、知覚の活気の程度に由来するので、私たちに共通の人間の（自然）本性に依存します。だから、彼の確率論では私たちが一般に共有する同じ確率が考えられるのではないでしょうか。

真理の対応説と準実在論的な解釈

いわゆる「帰納の問題」とは帰納的な一般化の正当性の問題です。そこでは、どうして帰納は正しいのか、と問われます。それは帰納を巡る認識論の問題です。なぜなら、それは帰納の正しさを証明する問題だからです。しかし、それを正面から合理的に解決することはできません。というのも、帰納的な一般化を正当化しうる「自然の斉一性」それ自体が帰納的な信念であるからです。けれども、帰納的な一般化の正当性の問題は、懐疑論的に解決されると、（証明の問題から）定義の問題へと解消されるかもしれません。このときには、どのような帰納が正しいのか、と問われます。すなわち、それは帰納の正しさを記述する問題です。

ヒューム自身はそれをどのように定義するのでしょうか。おそらく彼はそれを私たち人間の（自然）本性から定義付けるでしょう。彼（の因果論）によれば、原因と結果の恒常的な連接は私たち（の精神）に習慣（的な傾向性）を植え付けます。そのため、私たち（の精神）は、原因（か結果）

の印象が現前すると、自然と結果（か原因）の信念を帰納することになる。このような自然（本性）的な帰納を誤りとすることは、きっと私たちの（自然）本性上できません。というのは、私たち（の精神）は、信念の内容が習慣によって決められると、そこに必然性を感じてしまい、また、信念の活気が印象から伝えられると、それを強く確信してしまうからです。そして、現前する原因の印象からの帰納は、次の一回の結果の信念を本当に抱かせる、もっとも自然（本性）的な帰納であるのです。だから、これを誤った帰納とすることは、私たち人間の（自然）本性上できません。そうではなくて、むしろこれこそが自然（本性）主義的にはもっとも正しい帰納（的な信念）であるでしょう。つまり、現前する原因の印象から、次の一回の結果の信念が生じるとき、帰納はもっとも正しい。自然（本性）主義はこのように正しい帰納を定義付けるかもしれません。

また、帰納（的な信念）は「確信の程度」から確率論的に記述されるかもしれません。さもなければ、彼が考えるように、立証的でさえある帰納と蓋然的でしかない帰納を（大まかにさえ）分けることはできないでしょう。しかし、それらの間には明らかに異なる「確信の程度」があって、前者からは（かなり）確信できる信念が、後者からは（あまり）確信できない信念が、導かれるでしょう。すると、こうした「確信の程度」の違いから帰納の正誤は区別できるかもしれません。つまり、彼の「確信の程度」に基づく確率論は、――帰納（的な一般化）を合理的に正当化できるわけではないが、――帰納の（大まかな）正誤を確率論的に定義できるかもしれません。なお、彼の「確信の程度」は私たち人間の（自然）本性に与えるものでしょう。だから、私たちの誰もが、「太陽は明日昇るだろう」（T 1.3.11.2）とか、「すべての人間は死ななければならない」（ibid.）とか、口をそろえて言うわけです。そして、もちろん私たちは皆それらが正しいと思っています。

でも、そのような帰納（的な信念）の正しさとは、一体どのような正しさであるのでしょうか。もしそれが「確信の程度」から（たんに）確率論的に定義される（だけ）なら、それは結局のところ極めて高い蓋然性にすぎないのでしょうか。もちろん、彼（の因果論）によれば、明日の太陽が昇ることや、すべての人が死ぬことは、たんに（狭義の）蓋然的なだけの信念ではなく、むしろ立証的な信念と見なされるべきでしょう。しかし、立証的な信念でさえ（広義の）蓋然的に帰納されなければなりません。なぜなら、それは「観念の関係」についての知識ではないからです。すなわち、それが「事実の問題」についての（広義の）蓋然性であるのなら、どれほど強く確信できる信念であろうと、これまでの経験から帰納されなければなりません。すると、因果的に帰納される立証的な信念の正しさでさえ、やはり蓋然性が極めて高いことに尽きるのでしょうか。それは確率が極めて高いだけなのでしょうか。

彼の「真理の対応説」を見れば（cf. Wright 1983, 115; Coventry 2008, 118）、そうでないことがわかります。たとえば『人間本性論』の第二巻には次のように書かれています。すなわち、「（…）真理とは（…）観念の比率の発見に存するものか、または、私たちの対象の現実の存在（real existence）への合致に存するものかのどちらかである」（T 2.3.10.2）と。あるいは、第三巻には、「真理と虚偽は、観念の現実の関係との一致と不一致に存するか、または、現実の存在や事実との一致と不一致に存する」

（T 3.1.1.9）、と書かれています。もちろん、これらの二つの真理（と虚偽）の区分が「観念の関係」と「事実の問題」の区分に重なることは、容易に見て取れるでしょう（cf. 石川，中釜，伊勢 2011, 221）。すると、「事実の問題」についての帰納（的な信念）は「現実の存在」との対応から真理値を得ることになる。だから、因果的に帰納される信念の正しさには、（確率が高いことに加えて、）真（理）であることが含意される。すなわち、私たちの帰納（的な信念）は、真（理）や（虚）偽になれるのです。

とはいえ、彼は「現実の存在」ということで何を意味しているのでしょうか。帰納（的な信念）が対応する「現実の存在」とは何なのでしょうか。もし彼（の因果論）に準実在論的な解釈をするのなら、それは「想像上の基準（imaginary standard）」（T 1.2.4.24）であると見なせるかもしれません。たとえばコヴェントリー（Angela Coventry）は次のように述べています。

（…）因果的な諸判断には、真正の真理値が与えられる。しかし、私の解釈では、（…）これらの判断の真理性や虚偽性は、〔外的な〕対象の因果的な力や必然的な結合との対応から生じるのではない。そうではなくて、〔真理を生む〕対応は（…）想像の作る理想的な基準との一致から生じるのである。（Coventry 2008, 139）。

私たちは、私たち自身の知覚から独立には、外的な対象や因果的な力の実在を認識できません。

そのため、私たちの帰納（的な信念）は、そうした外的な実在との対応から真理値を得るわけではありません。けれども、帰納（的な信念）は真（理）や（虚）偽にならないわけではありません。なぜなら、そこには理想的な「想像上の基準」との対応から真理値が与えられるからです。

でも、どうして「現実の存在」が「想像上の基準」であるのでしょうか。まず、コヴェントリーはヒュームの「趣味の基準について」を取り上げます。というのも、そこでは「現実の存在（あるいは事実）」という句と「基準」という語がヒューム自身によって結び付けられているからです。「趣味の基準について」では次のように書かれています。

（…）知性の決定がすべて正しいわけではない。というのは、それは、それ自体を超えた何か、すなわち現実の事実を引き合いに出すからである。そして、それは必ずしもその基準に合致するとはかぎらないのである。（S7強調傍点引用者）

（…）人びとは、（…）本当の決定的な基準が、すなわち現実の存在や事実が、どこかに存在する、と認めなければならない。そして、彼らは、この基準に訴えることで、彼らと異なる人びとを大目に見なければならないのである。（S25強調傍点引用者）

これらの個所で彼が「現実の存在（あるいは事実）」と「基準」を同一視していることは明らか

でしょう。すなわち、彼(の美学論)によれば、美(学)的な判断は、「現実の存在(あるいは事実)」である「決定的な基準」と対応することで、真(理)や(虚)偽になるのかもしれません。

また、コヴェントリーは『人間本性論』第一巻の第二部に注目します(Coventry 2008, 120-121)。なぜなら、そこでは(たとえば等しさの)理想的な基準がどのように想像されるのかが論じられるからです。まず、私たちが線分の長さや面の大きさを比べるとき、それらを構成する(数学的な)点の数は私たちがそれらの長さや大きさを測る基準にはなりません(T 1.2.4.19)。というのは、それらが無限分割不可能な点から成るとしたら、それらは「(…)極めて微小で極めて区別し難いので、〔私たちの〕精神がそれらの数を数えることはまったく不可能である(…)」(ibid.)し、あるいは、それらが無限分割可能な点から成るとしたら、「(…)最小の図形も最大の図形も同じく無限数の部分を含むので、(…)空間の部分の等と不等がそれらの数の比に依存することはけっしてありえない」(T 1.2.4.20)からです。とはいえ、実のところ、「(…)〔私たちの〕目は、あるいは、むしろ〔私たちの〕精神は、(…)諸物体の〔大きさの〕比をしばしば一目で決定し、それらが互いに等しいとか、より大きいとか、より小さいとか、断言することができる」(T 1.2.4.22)。すなわち、私たちが実践する測定に有用な等しさ(の基準)は、まずは「(…)個々の対象の統一された全体の見た目と比較から得られる」(ibid.)わけです。だが、全体的な見た目からの判断は、「(…)誤らないときもあるが、常にそうであるとはかぎらない」(T 1.2.4.23)。だから、「私たちはしばしば最初の意見を見直し反省し修正する」(ibid.)わけです。とはいえ、もちろん修正した判断でさえ正しいとはかぎりません。すると、修正された判断でさえ「新たな修正が可能である」(ibid.) ことは明らかです。そして、私たち(の精神)は、そのような判断と修正の反復(の習慣)から、「それによって見た目と測定が正確に修正され、それによって図形が完全にその比に還元されるような、等しさの想像上の基準を想定する」(T 1.2.4.24) ことになるわけです。もちろん、そのような「完全な基準」(T 1.2.4.25) は想像上の虚構であるでしょう (T 1.2.4.24)。しかし、それは「極めて自然な」(ibid.) 虚構であるわけです。

さらに、コヴェントリーは、彼の(美学論だけでなく)道徳論にも「想像上の基準」が不可欠である、と考えます (Coventry 2008, 129)。というのも、彼(の道徳論)によれば、私たちの「道徳的な性質の称賛は(…)まったく道徳的な趣味から生じる」(T 3.3.1.15) からです。しかし、「私たちは、(…)安定した〔道徳的な〕物事の判断に到達するためには、不変的で一般的な観点を決めて、思考では常にそこに身を置く」(ibid.) のでなければなりません。そのために、道徳的な判断の反省と修正を繰り返し、道徳の理想的な基準が想像されるのは、明らかではないでしょうか (cf. Coventry 2008, 127-129)。

つまるところ、彼の因果論と美学論と道徳論には「想像上の基準」について四つの共通点が見いだされます (ibid. 133-137)。第一に、因果的な必然性は、美醜や善悪と同じように、私たちの精神に感じられるが、世界の物事に帰されるかもしれません (ibid. 133)。たしかに因果的な必然性の起源は精神が決定される感じにあります。しかし、私たちはもちろん外的な世界について信念を抱けます。すると、世界についての信念に必然性（の印象）を感じるときには、必然性（の観念）もまた世界に投げ込まれなければなりません。第二に、因果を語るときには、美学や道徳を語るときと同じように、一般名辞が用いられる必要があります。もちろん、彼（の知覚論）にとっては、あらゆる観念が個別的です。しかし、原因と結果の「必然的な結合の観念が一般名辞である」（ibid. 133）ことは明らかです。また、理想的な「想像上の基準」も明らかに抽象的な観念です。そのため、彼（の知覚論）にとっては、必然的な因果の理想的な基準が想像されるには、「言語の習得が不可欠である」（ibid. 132）ことになります。すなわち、「（…）社会や会話における〔道徳〕感情の交わりが（…）私たちに一般的で不変的な〔道徳の〕基準を作らせる」（T 3.3.3.2）ように、因果の基準もまた他者との長い会話の交換を経て社会で徐々に作られていくのではないでしょうか（Coventry 2008, 133）。第三に、彼の美学論には、美学の基準を定めるための芸術の一般規則があるように（cf. S 9-10, 16）、彼の因果論には、因果の基準を定めるための八つの一般規則があります（cf. T 1.3.15.2-10）。（なお、ここで八つの一般規則をすべて見る余裕はありませんが、たとえば、原因と結果の時空間的な隣接と（T 1.3.15.3）、結果に対する原因の時間的な先行と（T 1.3.15.4）、原因と結果の恒常的な連接（T 1.3.15.5）も、八つの一般規則に含まれます。）つまり、美的な感情の判断に、芸術の一般規則に基づく反省と修正が繰り返されることで、美学の基準が想像されるのなら（Coventry 2008, 122）、帰納的な信念に、八つの一般規則に基づく反省と修正が繰り返されることで、因果の基準は想像されるのかもしれません（ibid. 134-136）。第四に、私たちの心的な感じが常に「想像上の基準」に一致するとはかぎりません（ibid. 136）。たとえば、好ましく感じられる行為でも、道徳の基準に一致しないなら、道徳的に善いとは判断されないかもしれません。あるいは、私たちは、自然と帰納された信念に「精神の決定」を感じても、それが因果の基準に一致しないなら、それ（の内容）が必然的だとは考えないかもしれません。しかし、だからこそ、「私たちには（…）たった一度の実験から特定の原因の知識を得ることができる」（T 1.3.8.14）のではないでしょうか。

さて、以上の解釈に間違いがなければ、因果的に帰納される信念は、因果の「想像上の基準」との対応から、真理値を得ることになる。もちろん、帰納の認識論的な問題が懐疑論的に解決されるなら、正しい帰納と誤った帰納の（大まかな）区分は「確信の程度」から確率論的に記述できるでしょう。でも、帰納（的な信念）の正しさは、（たんに）確率論的に定義される（だけ）なら、結局のところ極めて蓋然性が高いことに尽きてしまうわけです。そこで、準実在論的な解釈をするなら、帰納（的な信念）に真理値を付与できるようになります。なぜなら、それは理想的な「想像上の基準」と対応させられるからです。すると、帰納（的な信念）は真（理）や（虚）偽になることができる。すなわち、私たちは、明日は太陽が昇ることや、すべての人が死ぬことを、真（理）である、といえるわけです。

第7章

過去と未来はどのように異なるのか？

——経験への的中と帰納の向き

なぜ私たちは帰納（的な信念）の正誤を区別できるのでしょうか。たとえば、私たちはそれを「確信の程度」から確率論的に定義できるかもしれません。あるいは、さらに帰納（的な信念）には真理値を付与できるかもしれません。なぜなら、それは「現実の存在」に対応しうるからです。だが、ここで「現実の存在」とは何なのか。もちろん準実在論的にはそれは理想的な「想像上の基準」です。つまり、個別的な帰納（的な信念）は一般的な「想像上の基準」との対応いかんで真（理）や（虚）偽になります。しかし、経験論的には「現実の存在」は何よりも経験ではないでしょうか。すると、帰納（的な信念）には、基準との対応だけでなく、経験への的中もまた、問われることになる。まずは本章ではこのことを論じてみます。ですが、私たちの経験は明らかに過去と未来で異なります。なぜなら、私たちは、過去は経験しているけれども、未来は経験していないからです。そのため、ここでは過去と未来の違いも考えてみます。過去と未来は互いにどのように異なるのでしょうか。

いわゆる伝統的な「帰納の問題」とは一般化の正当性の問題ですが、それを素朴な問いの形にするのなら、「どうして帰納は正しいのか？」と言い表せるでしょう。ですが、この素朴な問いに私たちは理性的に答えることはできません。なぜなら、帰納的な一般化を正当化しうる「自然の斉一性」は論証的な知識ではないからです。あるいは、それ自体がむしろ帰納的な信念であるかもしれません。すると、そこには悪循環があることになる。だから、この問題は正面からは解決されません。

そこで、この認識論的な問題には懐疑論的な解決が施されます。たしかに帰納には懐疑論が要求する理性的な正当性はありません。しかし、そんな理性的な正当化は、私たちが正しく帰納するのに、そもそも必要ありません。というのは、帰納の正しさが証明されることなしに、正しい帰納（と誤った帰納の区別）は定義されるからです。すなわち、私たちは、「どうして帰納が正しいのか？」には答えられなくても、「どのような帰納が正しいのか？」には答えられます。

たとえば、ヒューム（の因果論）に倣えば、現前する原因の印象から次の結果の信念への帰納が、もっとも自然（本性）的であるので、もっとも正しい、といえるでしょう。なぜなら、そのような自然（本性）的な帰納に感じる心の決定の印象こそが、因果的な必然性の観念の起源であるからです。また、彼が立証と（狭義の）蓋然性を区別するように、帰納の正誤は私たちの「確信の程度」

から確率論的に記述できるかもしれません。さらに、彼の「真理の対応説」によれば、帰納(的な信念)は「現実の存在」との対応によって真(理)や(虚)偽になります。すなわち、帰納(的な信念)には、確率論的な「確信の程度」があるだけでなく、真理値さえ与えられるのです。

さて、準実在論的に解釈すれば、帰納(的な信念)が対応しうる「現実の存在」とは、理想的な「想像上の基準」でした。つまり、因果的な帰納(的な信念)は、因果の基準に合致するときに、真(理)であるというわけです。

とはいえ、「現実の存在」とは本当に「想像上の基準」でしかないのでしょうか。たしかにヒューム自身が(たとえば「趣味の基準について」で)それらを同一視することはあります。そのため、彼の因果論(など)は準実在論的に解釈されるかもしれません。しかし、彼は、準実在論者である以前に、経験論者ではないでしょうか。そして、経験論者にとっての「現実の存在」とは、先ずもって印象の経験ではないでしょうか。

そもそも、彼の経験論(的な知覚論)においては、もっとも生き生きとした印象の現実(の感じ)こそが、他のあらゆる知覚の現実(の感じ)の源泉であるはずです。すでに第1章で見たように、私たちの知覚は活気の程度の違いから①印象、②記憶、③信念、④空想に分けられます。これらのうち、①印象以外は、どれも観念です。しかし、②記憶と③信念は、④空想と違って、生き生きと感じられます。だから、①印象(の内容)が現実であるように、②記憶(の内容)と③信念(の内容)もまた現実であると信じられます。すると、知覚に感じる活気(の程度)とは、知覚

（の内容）の現実（の感じ）である、といえるでしょう。もちろん、①印象のそれは今ここに現前する現実（の感じ）ですが、②記憶と③信念のそれは現前しない現実（の感じ）です。そのため、それらの活気（の程度）はいわば本当の現実（の感じ）ではありません。そうではなくて、彼にとっての本当の現実（の感じ）とは、今ここで経験される①印象の現実（の感じ）であるはずです。というのは、もちろん彼が経験論者であるからです。だから、②記憶と③信念の現実（の感じ）は①印象の現実（の感じ）に由来しなければなりません。すなわち、彼にとっては、そもそも現実（の感じ）とは今ここで経験する印象の現実（の感じ）なのです。

では、①印象の現実（の感じ）はどのように②記憶と③信念に分与されるのか、ここで簡単に目を通しておきましょう。

まず、②記憶はなぜ①印象の現実（の感じ）に与れるのでしょうか。どうして記憶の観念は「（…）元の〔印象の〕活気の程度を相当に保持している」（T 1.1.3.1）のでしょうか。それはもちろんそれが記憶であるからでしょう。そもそも、私たちの記憶とは、私たちが直接に経験した過去のことに他なりません。これは「記憶」という言葉（の意味）を考えれば明らかです。そして、私たちが経験する知覚はもちろん印象です。すると、記憶の観念は過去の印象に由来しなければなりません。もちろん、今ここに「過去の印象を呼び戻すことは不可能である」ので、私たちは過去の印象を今ここで経験するわけではありません。しかし、何かが想起されるなら、それは経験されたのでなければなりません。さもなければ、それは記憶でなく（想像であることに）なるからです。

また、③信念も①印象の現実（の感じ）に与ります。たしかに③信念は④空想と同じく想像の観念です。しかし、信念の観念は空想の観念と違って活気があります。なぜなら、それは因果的に帰納されるからです。でも、信念の活気はどこから来るのでしょうか。それはもちろん現前する〔原因か結果の〕印象からです。すなわち、「現前する印象は、想像に〔因果的な〕関係や移行があれば、任意の観念を活気付ける」（T 1.3.8.6）からです。現実と信じられる信念とは、「現前する印象との〔因果的な〕関係から生じる、生き生きとした観念である」（T 1.3.7.6）のです。

かくして、観念の現実（の感じ）はすべて印象の現実（の感じ）に源を発する、といえるでしょう。しかし、だとすれば、どうして印象（の内容）こそが「現実の存在」ではないのでしょうか。そして経験論〔的な知覚論〕における「現実の存在」とは、まさに印象の経験ではないでしょうか。そして、帰納〔的な信念〕は、印象の経験に的中するときに、真（理）となるのではないでしょうか。

基準との対応と経験への的中

とはいえ、ここで「想像上の基準」との対応を放棄すべき理由は私たちにありません。なぜなら、――第4章で定式化した二つの帰納で言えば、――個別的な（1）の帰納は、一般的な（2）の帰納が理想的な基準であるのなら、それに合致するときに、たしかに正当である（といえる）からです。もちろん、(2)の帰納に不備があれば、それは(1)の帰納を正当にしません。しかし、一般的な(2)の帰納が理想的に想像されているなら、どうでしょうか。それはまさに個別的な(1)の帰納の正誤を分ける基準になるでしょう。同じ(ような)ことは「確信の程度」に基づく確率論的な定義についてもいえます。というのは、理想的に記述された確率論的な定義に照らして見れば、個々の帰納(的な信念)が正しいのか誤っているのかを(大まかには)分けられるからです。だから、私たちは理想的な基準や確率論的な記述を放棄すべきではありません。それらは帰納の正誤を分ける有用な基準になるからです。

だが、「現実の存在」が印象の経験で(も)あるのなら、帰納(的な信念)は印象の経験への的中を(も)問われることになる。つまり、帰納(的な信念)は、経験される印象の現実に鑑みて、真(理)であったり(虚)偽であったりします。もちろん私たちは理想的な基準(や確率論的な区分)を手放しません。しかし、理想的に想像される基準は「曖昧で不明瞭」(T 1.2.4.24)ですが、今ここに現前する印象の経験は「明晰で明瞭」(T 1.2.3.1)です。だから、私たちは「現実の存在」として印象の経験を見逃すわけにもいきません。

すると、帰納(的な信念)には、「想像上の基準」との対応の問題とは別に、印象の経験への的中の問題があることになる。(さもなければ、どうして、反省と修正が繰り返され、理想的な基準が想像されるのでしょうか。)すなわち、帰納(的な信念)は、基準との対応が正しくても、印象への的中は外れてしまうかもしれません。あるいは、基準との対応が誤っているのに、印象への的中は当たるかもしれません。明らかに「想像上の基準」は印象の経験ではありません。だから、それら二つは互いに独立の「帰納の問題」です。すなわち、帰納（的な信念）には、基準との正誤の問題と独立に、経験への当否の問題があるわけです。

けれども、それら二つの問題は互いにどのように異なるのでしょうか。また、それらは本当に「帰納の問題」なのでしょうか。もちろん基準との対応はそれ自体が伝統的な「帰納の問題」ではありません。なぜなら、伝統的な「帰納の問題」とは一般化の正当性の問題であるからです。あるいは、簡単に言ってしまえば、それは「どうして帰納は正しいのか？」という問いです。だから、基準との対応がそのまま伝統的な「帰納の問題」になるわけではありません。しかし、それは伝統的な「帰納の問題」への懐疑論的な解決（の一つ）です。つまり、基準との対応の問題は、一般化の正当性を証明するものでなく、むしろそれを解消するために帰納の正誤を定義するものです。すなわち、それは、「どのような帰納が正しいのか？」という問いに答えることで、「どうして帰納は正しいのか？」という問いを退けているわけです。だから、基準との対応の問題はもちろん伝統的な「帰納の問題」の流れを汲んでいます。だが、経験への的中はどうでしょうか。それは本当に「帰納の問題」なのでしょうか。

もちろん経験への的中は伝統的な「帰納の問題」ではありません。なぜなら、それを表す問いは、「どうして帰納は正しいのか？」ではないからです。そうではなくて、それを素朴な問いにするなら、「どうして帰納は外れるのか？」となるでしょう。（あるいは、「どうして帰納は当たるのか？」

としてもよいでしょうが。）だから、それは認識論的な証明の問題ではありません。また、それは認識論的な定義の問題でもありません。なぜなら、それは一般化の正当性の問題への懐疑論的な解決（の一つ）ではないからです。あるいは、むしろ経験への的中は懐疑論的な解決の問題になるかもしれません。というのも、基準との対応は正しい帰納（的な信念）でさえ、経験への的中は外れるかもしれないからです。すると、私たちの帰納（的な信念）に根深いのは、むしろ経験への的中の問題であるかもしれません。というのは、もっとも自然（本性）的な帰納（的な信念）でさえ、印象の経験への的中は問われるからです。

とはいえ、経験への的中を「帰納の問題」と見るためには、そもそも帰納とは何であるのかについて、少し視野を広げる必要があるでしょう。というのは、二つの「帰納の問題」では焦点を置くべき知覚がそれぞれ異なるからです。つまり、帰納の正誤が問題になるのなら、私たちが参照すべきは基準の観念です。しかし、当否が問題になるのなら、参照すべきは印象の経験です。すると、私たちの帰納には、当否の的になる印象も含めるべきなのかもしれません。というのも、私たちはそもそも印象への的中を狙って帰納しているのかもしれないからです。

なお、だからといって、帰納の前提と結論になる知覚が変わるわけではありません。すなわち、第4章で見たように、どんな帰納であれ、前提となるのは（印象と）記憶ですが、結論となるのは信念です。

また、基準との正誤や経験への的中を問われるのは、そもそも個別的な（1）の帰納（的な信念）です。まず、理想的な基準はそれ自体が一般的な（2）の帰納（的な信念）に他なりません。だから、個別的な（1）の帰納は、それに対応するときに、真（理）であるのです。また、経験への的中が問われるときには、的になる印象それ自体が個別的です。なぜなら、「(…) 量と質の両方の程度が限定されなければ、いかなる印象も精神に現前しえない」（T 1.1.7.4）からです。つまり、すべての印象は個別的な「消滅する存在」（T 1.4.2.15）です。一般的な印象は（なぜか）ありえません。だから、経験への的中の問題では一般化が問題になることはありません。

ですが、基準との対応の問題の起源は、まさに一般化の問題に遡ります。なぜなら、それは一般化の正当性の問題への懐疑論的な解決だからです。すると、――たしかに、基準との対応が問われるのは、個別的な（1）の帰納ですが、――基準との対応の鍵を握るのは、やはり一般的な（2）の帰納であるかもしれません。というのは、「どのような帰納が正しいのか？」という問いは、先ずもって理想的な基準それ自体に投げかけられるべきであるからです。つまり、そもそも、理想的な基準が作られなければ、個々の帰納をそれと比べることはできません。だから、そこでは先に理想的な基準の正しさ自体が問われなければなりません。すなわち、「どのような帰納が正しいのか？」と問われるべきは、何よりも基準となる一般的な（2）の帰納であるのです。

すると、やはり基準との対応の問題と経験への的中の問題では目を向けるべき知覚が異なることになる。つまり、前者の問題の鍵を握るのは、想像される信念です。理想的な基準はそれ自体が帰納的な信念だからです。だから、ここでは「帰納されるのはどのような信念なのか？」が問われます。しかし、後者の問題の鍵を握るのは、経験される印象です。ここでは「経験されるのはどのような印象であるのか？」が問われます。それによって帰納（的な信念）は当たったり外れたりするからです。

さらに、それら二つの「帰納の問題」の鍵となる知覚が、それぞれ信念と印象であるのなら、前者は観念の問題であるが、後者は印象の問題である、といえるかもしれません。なるほど、もっとも自然（本性）的な帰納の前提には、たしかに（原因の）印象が含まれなければなりません。しかし、健全な帰納の前提は（原因と結果の恒常的な連接の）記憶で十分かもしれません。記憶の観念は「直接の印象に似た活気で精神を打つ」（T 1.3.9.3）からです。つまり、記憶（の内容）は、印象（の内容）と同じように、推論を介さずに、現実と信じられます。だから、帰納の前提は記憶の観念だけで十分に正しくなります。すなわち、健全な帰納でさえ前提に印象を含む必要はないわけです。（とはいえ、もちろん記憶は過去の印象に由来しなければなりません。）

すると、基準との対応の問題はどこまでも観念の問題であることになります。たとえばグッドマンの「グルー（grue）」の謎を例にとってみましょう。まず、私たちは、「ある時刻 t 以前に調査されたすべてのエメラルドがグリーンである」（Goodman 1983, 73）のなら、「すべてのエメラルドはグリーンである」と帰納するでしょう。しかし、ここで「グルー」という語を使って前提を言い換えます。「グルー」とは、「時刻 t 以前に調査されたすべてのものには、それがグリーンであるときに、それ以外のものには、それがブルーであるときに、適用される」（ibid. 74）述語です。すると、「ある時刻t以前に調査されたすべてのエメラルドはグルーである」となるので、私たちは「すべてのエメラルドはグルーである」と帰納することになります。だが、私たちが帰納すべきは、どちらの信念なのでしょうか。エメラルドはすべて、グリーンなのでしょうか、それとも、グルーなのでしょうか。

ここにあるのはもちろん基準（との対応）の問題です。どちらの帰納（的な信念）も、同等に確証されるがゆえに（ibid.）、理想的な基準にはなれません。（あるいは、そもそも「グリーン」と「グルー」ではどちらが理想的な述語なのでしょうか。）つまり、ここでは「帰納されるのはどのような信念なのか？」が問われます。ですが、ここには印象の出る幕はまったくありません。にもかかわらず、基準となる帰納（的な信念）の正誤は問われるわけです。もちろん、帰納される信念が個別的なものであっても、印象はけっして登場しません。すなわち、私たちは、時刻t以後に調査される次のエメラルドについて、「それはグリーンである」と信じるのでしょうか。それとも、「それはグルー（であるがゆえにブルー）である」と信じるのでしょうか。私たちが帰納すべきは、どちらの信念でしょうか。どちらの帰納（的な信念）が正しいのでしょうか。

さて、ここで「帰納の問題」が終わるなら、観念の問題こそが「帰納の問題」であることになります。すなわち、それは、伝統的な「帰納の問題」に他ならず、認識論的な（証明や定義の）問題です。しかし、帰納（的な信念）には、さらに印象の問題があるのではないでしょうか。なぜなら、帰納（的な信念）は、印象の経験に鑑みて、当たったり外れたりするからです。たとえば、次のエメラルドは、グリーンなのでしょうか、それとも、グルーなのでしょうか。もし、ここで基準の観念（のみ）に頼るのなら、帰納（的な信念）に印象の問題はありません。しかし、ここには印象への当否の問題があるのではないでしょうか。つまり、どちらの帰納（的な信念）も、次のエメラルドが経験されるなら、当たるか外れるかしなければなりません。すなわち、どちらの帰納（的な信念）も経験への的中が問われなければなりません。

　もちろん、信念を結論するまでを帰納と見るのなら、的になる印象は帰納に含まれないので、印象の経験への的中は「帰納の問題」とはいえないかもしれません。あるいは、一般化こそが帰納（の本質）であるのなら、やはり観念の問題こそが「帰納の問題」であるかもしれません。個別的な帰納（的な信念）にのみ個別的な印象への的中は問われるからです。しかし、もっとも自然（本性）的な帰納（的な信念）にでさえ、印象への的中は問われるでしょう。なぜなら、それは次の一回の（結果の）信念を帰納するからです。つまり、それは個別的な帰納（的な信念）です。すると、もしかしたら、もっとも自然（本性）的な帰納（的な信念）は、そもそも印象の経験への的中を狙っているのではないでしょうか。

帰納（的な信念）は、「現実の存在」が印象の経験で（も）あるのなら、印象の経験への的中いかんで（も）真理値を得られます。もちろん、理想的な基準（や確率論的な定義）に鑑みれば、正しい帰納と誤った帰納は（大まかには）わかるでしょう。しかし、私たちの帰納（的な信念）には、基準（や定義）とは別に、印象が突き付けられます。つまり、帰納（的な信念）は、基準（や定義）からわかる正誤とは独立に、さらに印象に即して当たったり外れたりするわけです。

しかし、すべての帰納（的な信念）が印象の経験に的中しうるわけではありません。たとえば、私たちは、一〇日後の天気（の信念）を帰納するなら、それの一〇日後の天気（の印象）への的中を問うことができる。なぜなら、私たちは一〇日後の天気（の印象）をこれから経験するからです。けれども、一〇日前の天気（の信念）を帰納するなら、それの一〇日前の天気（の印象）への的中は問えません。というのは、一〇日前の天気（の印象）はもう経験できないからです。そもそも、印象の現実（の感じ）とは、今・ここに現前する現実（の感じ）です。だから、「過去の印象を呼び戻すことは不可能である」のです。しかし、未来の印象はどうでしょうか。それを経験することは可能なのではないでしょうか。

たしかに、過去と未来はどちらも印象でない、とはいえるかもしれません。印象が今ここに現前するのなら、過去の印象はもちろん、未来の印象もまた、今ここでは経験されないからです。すなわち、過去の印象が（もう）経験できない、といえるように、未来の印象は（まだ）経験できない、といえるわけです。すると、過去と未来はどちらも観念でしかないのでしょうか。

まず、私たちの知覚しうる過去は、記憶の観念か信念の観念ですから、いずれにせよ観念です。もちろん記憶（の内容）は私たちが直接に経験した過去です。だから、記憶の観念は過去の印象から派生したのでなければなりません。しかし、ここで私たちが知覚できるのは、過去の印象そのものでなく、過去の印象の観念に他なりません。そして、過去の印象の観念とは記憶の観念に他なりません。だから、私たちが今ここで想起できる過去は、過去の印象でなく、記憶の観念であるのです。

同じことは信念の観念についてもいえます。私たちの記憶にない過去は、帰納的な信念の観念です。もちろん、帰納的な信念（の内容）は、（それが信念であるのなら、）現実と信じられます。すると、過去について信念をもつときには、まさに過去の印象を信じることになります。というのは、私たちは、ある過去を現実と信じるときには、仮にそのときそこに居合わせたら、その過去を直接に経験できたと信じるからです。ですが、ここで知覚されるのは、やはり過去の印象の観念でしかありません。私たちが今ここで想像できる過去は、過去の印象でなく、信念の観念なのです。

さて、私たちの知覚しうる未来には、過去の記憶に相当する知覚は（なぜか）ありません。しかし、もちろん未来について信念をもつことはできます。なぜなら、私たちには（記憶から）帰納的に想像できるからです。未来についての信念（の内容）は、むろん未来の現実と信じられます。つまり、私たちは、そのときになれば、それが経験できる、と信じています。とはいえ、もちろん未来の印象そのものが今ここで経験されるわけではありません。そうではなくて、今ここで想像されるのは、未来の印象の観念です。私たちが想像する未来とは、信念の観念なのです。

以上から、過去と未来はどちらも観念である、とはいえるでしょう。つまり、観念としては過去と未来の間に決定的な差異はありません。(とはいえ、過去にはなぜか記憶があるわけですが。)というのは、私たちが今ここで経験する印象(の内容)だけが、今ここに現前するからです。だから、過去の印象も未来の印象も、今ここにあるわけではありません。今ここにありうる過去も未来も、記憶の観念か信念の観念でしかありません。

だが、印象としては過去と未来に決定的な差異がある。というのは、過去の印象は経験できませんが、未来の印象は経験できるからです。もちろん、それらはどちらも、今ここでは経験できません。しかし、過去と未来では印象の経験のできなさが決定的に異なるのです。すなわち、過去の印象はもう経験できないのですが、未来の印象はまだ経験できないだけです。だから、未来の印象はもう二度と経験できないわけではありません。つまり、未来の印象だけはまだ経験できるのです。

なるほど、もしかしたら、私たちの知覚を離れたら、たしかに過去と未来は対称的に実在するかもしれません。しかし、そこに実在するのは、本当に過去と未来でしょうか。もし仮に、どこかが現在であるとしても、一体どっちが過去でどっちが未来なのでしょうか。そこには過去や未来はないのではないでしょうか。すると、過去と未来とは、そもそも対照的であれないのかもしれません。

すなわち、過去と未来には差異がなければならない。さもなければ、そもそも過去と未来ということ自体がなくなってしまうからです。だから、私たちの知覚を離れても、過去と未来では（世界の）存在のしなさが異なり、過去（の世界）はもう存在しないが、未来（の世界）はまだ存在しない、といえるなら、やはり過去と未来はあることになるでしょう。

したがって、過去と未来では、印象の経験のし方（あるいは世界の存在のし方）が、異なるのでなければなりません。なぜなら、さもなければ、過去も未来もなくなってしまうからです。しかし、過去は未来ではないし、未来は過去ではありません。だから、過去と未来には差異がなければなりません。そして、そこにあるのは、もちろん経験のあり方の違いです。すなわち、私たちは、過去の印象は経験できませんが、未来の印象は経験できるのです。

それゆえに、過去についての帰納（的な信念）には、印象への的中は問われません。なぜなら、過去の印象は（もう）経験できないからです。しかし、未来についての帰納（的な信念）には、印象への的中が問われます。なぜなら、未来の印象は（まだ）経験できるからです。したがって、いわば未来向きの帰納（的な信念）にのみ、印象の経験への的中は問われるのです。

私たちの帰納（的な信念）には二つの問題があります。まず、それは基準の観念に対応するでしょうか。この観念の問題は伝統的な「帰納の問題」に遡ります。なぜなら、そこで結局のところ問われるべきは、基準となる一般的な帰納（的な信念）の正しさだからです。また、それは印象の経験に的中するでしょうか。しかし、この印象の問題はどんな帰納（的な信念）にも問われるわけではありません。もちろんそれは個別的な帰納（的な信念）にしか問われません。なぜなら、的になる印象がそもそも個別的であるからです。しかし、さらにそれは未来向きの帰納（的な信念）にしか問われません。だから、過去向きの帰納（的な信念）には二つ目の問題はありません。私たちは、未来の印象は経験できますが、過去の印象は経験できないからです。私たちの経験のあり方が過去と未来ではまったく異なるのです。

なるほど、過去と未来の違いには、たしかにヒューム自身も関心の目を向けているかもしれません。たとえば、彼が「自然の斉一性」を「未来は過去に似ている」(T 1.3.12.9) と言い表すとき、彼の関心は明らかに過去と未来の違いに向いています。また、『人間知性研究』では次のように述べられています。

> 自然の歩みが変化するかもしれず、過去が未来のルールにならないかもしれない、という疑念

があれば、すべての経験は、役に立たなくなって、まったく推論も結論も生み出せない。それゆえに、どんな経験からの議論も、この過去の未来への類似を証明しうることは、不可能である。(…)物事の歩みが今までどれほど規則的であると認められるとしても、そのことだけでは、(…)それが未来にも続くだろうということを証明しない。(E 4.2.21)

ここでは、彼(の因果論)の関心が過去と未来の差異にあることは(cf. 一ノ瀬 2011, 66-67)、いっそう明らかであるかもしれません。しかしながら、過去と未来の差異についてヒューム自身は(どういうわけか)どこかで詳しく論じているわけではありません。

たしかに彼には固有の時間論があります。それは『人間本性論』第一巻の第二部に見いだせます。しかし、そこに過去と未来(と現在)は登場しません。たとえば、そこでは、時間の「(…)各瞬間は(…)他の瞬間に後続するか先行する(…)」(T 1.2.4)、とはいわれます。あるいは、「時間は同時に存在しない諸部分から成る(…)」(T 1.2.3.8)、とはいわれます。しかし、それはいわゆるB系列の時間論です。――マクタガート(John McTaggart Ellis McTaggart)によれば、時点の区別の仕方にはA系列とB系列の二つがあります。A系列とは、ある時点が、過去であるか、現在であるか、未来であるか、という区別ですが、B系列とは、ある時点が、より前であるか、より後であるか、という区別です(McTaggart 1927, 10)。――だから、そこでは、空間(の観念)を下敷きに、時間(の観念)が論じられます(cf. Coventry 2007, 62; Waxman 2008, 73)。

空間（あるいは延長）の観念は次のように説明されます。

私の目の前にあるテーブルだけでも、それを見ることによって、私に延長の観念を与えるのに十分である。（…）しかし、私の感覚が私に伝えるのは、ある仕方で配列された色をもった点の印象だけである。（…）延長の観念は（…）これらの色をもった点の現れ方のコピーに他ならない（…）。（T 1.2.3.4）

なるほど、私たちの目には、たしかに色と形しか見えないかもしれません。しかし、形をもった色（ないし色のついた形）自体は、私たちが感覚しうる分割不可能な最小の点から成っているでしょう（T 1.2.2.3-4）。なぜなら、私たち（の精神）には空間（の観念）を無限に分割することはできないからです（T 1.2.2.2）。これらの形ある色（ないし色ある形）から空間の観念は生じます。すなわち、私たちは、異なる形の異なる色をたくさん観察し、「（…）それらを構成する有色の点の配列に類似性を発見すると、（…）色の特殊性をできるだけ捨象し、点の配列ないし現れ方のみに基づいて、それらが一致するところの抽象観念を作る」（T 1.2.3.5）ようになる。このようにして私たちは空間の観念を手に入れます。

時間（あるいは持続）の観念はどうでしょうか。まず、ヒュームは、時間（の観念）もまた無限には分割できない、と考えます（T 1.2.2.4）。さもなければ、「時間には、無限数の同時に存在する瞬間（…）がありうる」（ibid.）ことになってしまうからです。しかし、或る時点は他の時点の前か後にあるはずですから、無数の時点が同時にあることはありえません。したがって、時間（の観念）は同時に存在しない分割不可能な諸部分から成ることになります。――とはいえ、彼の時間論では、それぞれの分割不可能な瞬間がすべて均一の長さをもつとはかぎりません（Baxter 2008, 30）。

時間の観念は（…）もっぱら諸印象が精神に現れる仕方から生じる（…）。〔たとえば、〕フルートの奏でる五つの音は、私たちに時間の印象と観念を与える。（…）精神は、ここではただ異なる音の現れる仕方に注意するだけであるが、後にはこれらの特定の音を考えることなしに、この現れ方を他の対象と結び付けられる。（…）時間は明らかに、互いに継起する仕方で配列された、異なる諸印象や諸観念や諸対象に他ならない。（T 1.2.3.10）

ようするに、時間（の観念）の本質は「時間の諸部分が互いに継起する」（T 1.2.2.4）ことにある。なぜなら、時間の観念は「変化する対象の継起から生じなければならない」（T 1.2.3.8）からです。「私たちは、見ることと触ることのできる対象から空間の観念を受け取るように、諸観念および諸印象の継起から時間の観念を作り上げる」（1.2.3.7）のです。

かくして『人間本性論』第一巻の第二部は時間（の観念）を空間（の観念）化します。だから、そこに見いだせるのは、時点（や出来事）の前後（や同時）の関係であるわけです。では、過去や未来（や現在）の時制は、どこに見いだせるのでしょうか。それはもちろん彼の知覚論に見いだせます。

まず、私たちが経験する印象（の内容）は、今ここに現前する現実であるでしょう。たしかに現在の現実がすべて印象（の内容）であるわけではありません。なぜなら、ここに現前しない現在の現実は、帰納的な信念（の内容）であるからです。つまり、観念（の内容）が現在の現実であることはありえます。しかし、印象（の内容）が現在の現実でないことはありえません。あらゆる印象（の内容）は今ここの現実であるのです。

また、観念は記憶と想像に分けられますが、記憶（の内容）はすべて過去の現実であるでしょう。もちろん、すべての過去の現実が記憶（の内容）であるわけではありません。たとえば、自分が生まれる前の過去の現実は、記憶（の内容）ではありえません。そうではなくて、それは帰納的な信念（の内容）です。だから、過去の現実が想像の観念（の内容）であることはありえます。しかし、記憶の観念（の内容）が過去の現実でないことはありえません。なぜなら、記憶の観念とは過去の印象に由来するものだからです。

すると、私たちの印象と記憶には、それぞれ現在と過去が含意される、といえます。そして、それゆえに私たち（の精神）には異なる知覚が継起するのでしょう。というのは、そもそも、諸知覚は、異なる時制を含意することなしには、時間的に配列されないからです。たとえば、変化のない五つの音が聞こえるだけなら、そこには、「同時に存在する諸印象」（T 1.2.3.8）はありますが、「諸観念および諸印象の継起」はありません。また、そこに時間（の観念）はもちろん生じません。なぜなら、時間（の観念）の本質は「諸部分が互いに継起する」ことにあるからです。しかし、そこに、印象だけでなく、記憶があるのなら、それらが互いに継起することは明らかです。というのは、過去（を含意する記憶）は現在（を含意する印象）に先行する、あるいは、現在（を含意する印象）は過去（を含意する記憶）に後続するからです。たしかに空間（の観念）は「目の前にあるテーブル」の印象だけから生じるでしょう。しかし、時間（の観念）が生じるには「諸観念および諸印象の継起」がなければなりません。すなわち、異なる諸知覚が時間的な前後の関係に並べられるのでなければ、時間（の観念）は生じません。しかし、私たちには印象と記憶があるので、それらに容易に時間的な前後の関係を見いだせます。なぜなら、私たちの印象と記憶には、それぞれ現在と過去が含意されるからです。

ところで、未来を必ず含意する知覚を私たちはもっていません。《だとすると、私たちにとって未来とは何なのでしょうか？》なぜなら、想像の観念はいかなる時制も含意しうるからです。――あるいは、想像は信念と空想に二分されますが、そもそも空想はいかなる時制も含意しないかもしれません。――むろん私たちは未来の現実を帰納的に想像できます。すると、未来についての信念はたしかに可能です。しかし、帰納的な信念（の内容）は（記憶にない）過去の現実でもありえます。あるいは、それ（の内容）は（ここに現前しない）現在の現実でもありえます。それゆえに、（帰納的な）信念それ自体に未来が含意されるわけではありません。私たちの知覚には必ず未来を含意するものはありません。

かくして、私たちの知覚のうちに、過去と未来の差異はさらに浮き彫りになります。私たちは、記憶（と印象）があるから、過去（と現在）がわかります。――あるいは、過去（や現在）という時間がわかるということは、記憶（や印象）という知覚をもつということなのかもしれません。――しかし、どうして私たちには未来がわかるのでしょうか。私たちは本当に未来という時間をわかっているのでしょうか。

もちろん、私たちは、（過去の印象を今もつ必要がないように、）未来の印象を今もつ必要はありません。そもそも私たちは現在の印象しか今もつことはできません。だから、過去と未来はどちらも今は観念でなければなりません。（この意味では観念としての過去と未来は対称的です。）でも、どうして、過去を含意する観念はあるのに、未来を含意する観念はないのでしょうか。（この意味では観念としての過去と未来も非対称的です。）すなわち、どうして過去と未来について観念のあり方は異なるのでしょうか。

それはきっと過去と未来についての印象のあり方が異なるからです。というのは、「（…）すべての観念は（…）印象のコピーに他ならないので、一方について真であることは他方についても真である（…）」（T 1.1.7.5）はずだからです。もちろん過去の印象も未来の印象も今は経験できません。しかし、私たちは過去の印象を経験できました。だから、私たちは今、過去の印象の観念を、すなわち記憶の観念を想起できるのでしょう。《それとも、記憶が今あるから、過去の経験があったことになるのでしょうか?》というのは、記憶の観念は過去の印象を原因とする(のでなければならない)からです。

けれども、私たちに未来の印象を原因とする知覚はありません。たしかに私たちは未来の印象の観念を想像できます。しかし、それはもちろん未来の印象を原因としません。なぜなら、それは未来向きに帰納される信念の観念だからです。過去の記憶に相当する観念は未来には(なぜか)ありません。

では、未来向きに帰納される信念は、未来の印象の原因であるでしょうか。なるほど、もしそうであるのなら、私たちが帰納する信念(の内容)が未来に印象になる、といえるでしょう。しかし、そうなるとはもちろんいえません。なぜなら、(観念は印象を原因としますが、)印象は観念を原因としないからです。《あるいは、本当にそうなったときには、私たちの信念が印象(の原因)になった(といえる)のでしょうか?》また、そうなるといえる正当性がそもそもありません。なぜなら、そうならないことは、観念の思考が可能であって、それゆえに印象の経験が可能であるからです。このことは伝統的な「帰納の問題」から明らかです。

とはいえ、過去の印象は今ではもう経験できません。(また、現在の印象の経験は、まさに可能であるだけでなく、すでに実現してしまっています。)だから、過去向きの帰納(的な信念)には、印象の経験への的中は問われません。しかし、未来の印象は今からまだ経験できます。だから、未来向きの帰納(的な信念)だけには、印象の経験への的中が問われます。あるいは、そもそも、印象の経験への的中が問われなければ、帰納（的な信念）は未来を向いていないのかもしれません。

帰納の向き

どんな帰納（的な信念）にも、一般化の正当性の問題はあります。なぜなら、「自然の斉一性」に合理的な正当性がないからです。この認識論的な問題には懐疑論的な解決が有効かもしれません。たとえば、原因の印象から結果の信念への帰納は、自然（本性）的であるがゆえに、理性的な正当化を必要としないでしょう。すると、これこそが正しい帰納（的な信念）だと言いたくなります。また、帰納（的な信念）の正誤は「確信の程度」によって確率論的に（大まかには）定義できるかもしれません。あるいは、さらに（因果の）理想的な基準が想像されるかもしれません。すると、帰納（的な信念）は、「想像上の基準」との対応いかんで、真理値さえ得られるわけです。

しかし、未来についての帰納（的な信念）にだけは、さらに印象の経験への的中の問題がありまます。すなわち、未来向きの帰納（的な信念）だけは、印象の経験に即して、当たったり外れたりします。というのは、過去の印象は（もう）本当は経験できませんが、未来の印象は（まだ）本当に経験できるからです。たしかに、過去についての帰納（的な信念）は、基準の観念に合致すれば、真（理）であるでしょう。なぜなら、過去向きの帰納（的な信念）には、印象の経験への的中は問われないからです。もちろん、未来向きの帰納（的な信念）だって、基準の観念に合致するなら、真（理）ではあるでしょう。しかし、基準との対応からわかる正誤と、経験への的中からわかる当否は、明らかに互いに独立の「帰納の問題」です。もちろん、印象の経験への的中は未来向きの帰納（的な信念）にのみ問われます。しかし、それゆえに、未来向きの帰納（的な信念）は、基準を見ると正しいのに、経験を見ると外れてしまうかもしれません。あるいは、基準を見ると誤っているのに、経験を見ると当たってしまうかもしれません。

とはいえ、時間の向きは本当に「帰納の問題」になるのでしょうか。たとえば、『人間本性論』の第二巻には、空間と時間の（帰納的な）想像への作用が説かれています。まず、ヒューム自身は距離の作用を考えます。彼によれば、私たちは近くのことを遠くのことより生き生きと想像します（T 2.3.7.3）。また、こうした距離の想像への作用は情念や意志にも表れます（ibid.）。だから、私たちは火星の環境よりも地球の環境を心配します。また、一〇年後の天気よりも一〇日後の天気を気にします。つまり、私たち「（…）人間は、空間的にも時間的にも、それほど遠くない対象に主に関心を持ち、（…）遠く離れたことは偶然と運命に委ねている（…）」（ibid.）のです。

だが、彼によれば、遠近の想像への作用は、時間よりも空間において顕著である。というのは、「空間ないし延長は、（…）一度に現前することができる、多数の同時に存在する諸部分から成る」（T 2.3.7.5）が、「時間ないし継起は、（…）一度に一つ以上の部分が現前することはけっしてなく、どの二つの部分も同時に存在することはできない」（ibid.）からです。つまり、空間はすべて現在に在るかもしれませんが、時間はすべて現在に在るわけではありません。なぜなら、過去も未来も時間であるからです。しかし、私たち「(…)人間は、(…)現在を享受する(…)」(T 2.3.7.3)ので、諸部分が現在に現れうる空間に強く影響されるのでしょう。《しかし、そもそも空間の遠近と時間の遠近は互いに比べられるようなものなのでしょうか?》

また、彼はもちろん過去と未来(の想像への作用)の差異を見逃しません。すなわち、彼によれば、「未来における同じ距離の作用は、過去における同じ距離の作用よりも、優れている」(T 2.3.7.6)のです。たしかに「私たちは〔信念の〕観念を位置付けるのに(…)時間の継起に従う」(T 2.3.7.7)でしょう。だから、私たちにとっては、「どんな対象の考察でも、その直ぐ後に続くものへ進むことは、その前にあったものへ進むよりも、いっそう簡単である」(T 2.3.7.7)わけです。すると、やはり時間の向きは(帰納的な)想像に異なって作用することになります。つまり、私たちは過去よりも未来を帰納してしまいます。そして、過去よりも未来を気にしてしまいます。なぜでしょうか。それは、過去は経験されないが、未来は経験されるからでしょう。私たちは、現在から過去へは戻らずに、「(…)現在から未来へと進む」(T 2.3.7.9)のです。

すると、私たちが「未来へと進む」ことは、彼に倣って、自然(本性)的である、といえるかもしれません。

対象が過去のものであるとき、現在からそれへと移る思考の進行は、自然に反する。継起の自然な歩みに抵抗して、或る時点から、それに先立つ時点へ、また、それから、別の先立つ時点へと進むからである。他方、私たちが未来の対象に思考を向けるとき、想像は、時間の流れに沿って流れ、或る時点から直ぐに後の時点へと常に進む、もっとも自然に思える順序で対象に至るのである。(T 2.3.7.8)

なるほど、もし仮に私たちが未来に(も過去にも)進まないのなら、たとえば、三時間前の時点と三時間後の時点は、今から同じ距離だけ離れているので、同じように(帰納的な)想像に影響するでしょう(T 2.3.7.9)。しかし、それは私たちにとって自然(本性)的な想像ではありません。なぜなら、「私たちは(…)時間の自然な継起と思えるものに従って(…)現在から未来へと進む」(ibid.)からです。だから、(前章で先取りしたように、結果の印象から原因の信念への帰納よりも、)原因の印象から結果の信念への帰納が、もっとも自然(本性)的であるのです。

さて、「過去と未来における等しい距離が(…)想像に同じ作用を及ぼさない」(ibid.)なら、やはり過去向きの帰納(的な信念)と未来向きの帰納(的な信念)は一緒くたにされるべきではありません。たしかに伝統的な「帰納の問題」には時間の向きは関係ありません。なぜなら、それは一般化の正当性の問題だからです。しかし、帰納(的な信念)の本質は本当に一般化にあるのでしょうか。もちろん、自然(本性)主義的には、そうではありません。現在の原因から結果の信念への帰納は、明らかに個別的で未来向きであるからです。だから、未来向きの帰納(的な信念)は過去向きの帰納（的な信念）と異なるのです。

だが、帰納（的な信念）それ自体が過去と未来で異なるのなら、「帰納の問題」もまた過去と未来で異なることになる。すなわち、未来向きの帰納（的な信念）だけは、印象の経験への的中が問われます。「未来へと進む」私たちには、未来の印象だけが経験できるからです。私はこれも「帰納の問題」であると考えます。

第8章

どうして帰納は外れるのか？

——帰納の形而上学

いわゆる「帰納の問題」は伝統的に認識論の問題です。なぜなら、そこには一般化の正当性の問題があるからです。しかし、帰納（的な信念）には形而上学の問題もあるかもしれません。なぜなら、未来向きの帰納（的な信念）にだけは、経験への的中の問題があるからです。本章では、前章までの議論を踏襲しながら、これら二つの「帰納の問題」を互いに比較し峻別します。すると、私たちの帰納（的な信念）には、未来の経験への的中も問われることが、さらに明らかになるでしょう。とはいえ、どうしてそれが形而上学の問題であるのでしょうか。それは、「どうして帰納は外れるのか？」という問いは、形而上学的に答えられるからです。すなわち、そもそも世界は帰納的に存在するのかもしれない。だとすれば、未来（の世界）は、私たちに現れていないだけでなく、本当に無いのかもしれません。しかし、そもそも未来とは何なのでしょうか。どうして未来が「帰納の問題」になるのでしょうか。それは、未来が、無いかもしれませんが、有りうるからかもしれません。

帰納を巡る二つの問題

私たちの帰納（的な信念）には、互いに独立の二つの問題があります。一般化の正当性の問題と未来の経験の問題です。もちろん標準的には前者の一般化の問題が「帰納の問題」と見なされます。しかし、本書では後者の未来の問題もまた「帰納の問題」であると考えています。というのは、未来向きの帰納（的な信念）は経験への的中を狙わざるをえないからです。とはいえ、未来の経験の問題とは、どのような「帰納の問題」なのでしょうか。それは一般化の正当性の問題とどのように異なるのでしょうか。以下では、二つの「帰納の問題」について、これまで見てきたことを編み直し、主な違いをまとめ上げておきましょう。

まず、それらの間には一般化と一回性の違いが見て取れます。第4章で見たように、帰納（的な信念）には、個別的な（1）の帰納と一般的な（2）の帰納があります。個別的な（1）の帰納からは、他の一回についての信念が生じますが、一般的な（2）の帰納からは、一般化についての信念が生じます。もちろん、これらのうち、一般的な信念を導く（2）の帰納にしか、一般化の正当性は問われません。個別的な信念を導く（1）の帰納は、そもそも一般化を全うしないからです。しかし、未来の経験が問題になるのは、もちろん個別的な（1）の帰納です。なぜなら、経験それ自体が個別的であるからです。あるいは、一般的な信念が的中するような、一般的な経験がそもそもないからです。《でも、どうして一般的な経験はないのでしょうか？》なお、これら二つのうち、論理的に基本的であるのは、一般的な（2）の帰納です。というのは、個別的な（1）の帰納は、（それがいつどこのことであろうと、すべて）一般的な（2）の帰納の一例であるからです。すると、論理的な観点からは、一般化の正当性こそが「帰納の問題」である、といえるでしょう。

また、印象と観念の区分も役に立つかもしれません。一般化の正当性は明らかに観念（だけ）の問題です。というのは、一般的でありうるのは、観念（の内容）だけだからです。つまり、（前段落にも書いたように、）印象（の内容）は一般的でありません。そのため、一般化の正当性について、「どのような印象が経験されるのか？」と問う必要はまったくありません。そうではなくて、「どのような観念が帰納されるのか？」と問えば、一般化の正当性については十分なのです。しかし、未来の経験はむしろ印象の問題です。つまり、未来の経験については、「どのような印象が経験されるのか？」と問わなければなりません。というのは、私たちが経験するのは、印象（の内容）であるからです。たしかに、すべての（健全な）帰納は、信念の観念を結論とするので、「どのような観念が帰納されるのか？」とは問われなければなりません。しかし、未来向きの帰納（的な信念）だけは、さらに「どのような印象が経験されるのか？」とも問われなければなりません。なぜなら、未来向きの帰納（的な信念）だけは、未来の印象（の内容）いかんで、当たったり外れたりするからです。

さて、一般化の正当性の問題は懐疑論的に解決されるかもしれません。たしかに帰納的な一般化は合理的に正当化できません。なぜなら、「自然の斉一性」に合理的な正当性がないからです。すると、帰納的な一般化の正当性は証明できそうにありません。とはいえ、帰納（的な信念）は人間の（自然）本性上やめられません。原因の印象から結果の信念への帰納は、（合理的な正当性なしに、）極めて自然（本性）的に為されます。すると、帰納（的な信念）の正しさを記述できるかもしれません。すなわち、「どうして帰納が正しいのか？」を証明することはできなくても、「どのような帰納が正しいのか？」を記述することはできそうです。たとえば、帰納（的な信念）の正誤は確率論的に定義できるかもしれません。あるいは、理想的な（一般的な）基準が想像されるなら、（個別的な）帰納（的な信念）は、基準との対応いかんで、真（理）になったり（虚）偽になったりするかもしれません。すなわち、帰納（的な信念）は真理値さえ得るかもしれないのです。しかし、未来向きの帰納（的な信念）だけは、基準との対応による正誤の問題とは別に、経験への的中いかによる当否の問題があります。すなわち、未来向きの帰納（的な信念）だけは、経験への的中いかんで、当たったり外れたりするのです。

すると、基準との正誤と経験への当否の違いも、二つの「帰納の問題」の違いを述べ表せるかもしれません。まず、想像される基準は一般的でなければなりません。なぜなら、それは、反省と修正を繰り返し、理想的に作られるからです。（もちろん確率論的な定義も一般的に記述されるでしょう。）また、それは、基準であるのだから、正当でなければなりません。つまり、個々の帰納（的な信念）の正誤がそれとの対応いかんで決まるのなら、そもそもそれが正しくなければなりません。ここで基準の正当性はむろん証明されるわけではありません。しかし、理想的な基準が想像されるとき、まさに正当な一般化が記述されるわけです。かくして、（個別的な）帰納（的な信念）は、（一般的な）基準との対応いかんで、正誤がわかることになります。だが、未来向きの帰納（的な信念）だけは、経験への的中いかんで、さらに当否がわかることになる。つまり、未来向きの帰納（的な信念）にだけは、基準との正誤の問題と独立に、経験への当否の問題がある。だから、それは、基準とは正しいのに、経験へは外れるかもしれません。（あるいは、基準では誤っているのに、経験では当たるかもしれません。）でも、どうして正しい帰納が外れるのでしょうか。（あるいは、どうして誤った帰納が当たるのでしょうか。）

では、ここで「どうして帰納は外れるのか？」と問えるでしょうか。（あるいは、「どうして帰納は当たるのか？」と問えるでしょうか。）いや、もちろん問うことできますが、それは一体どのような問いなのでしょうか。それは問うに値する問いなのでしょうか。

たしかに伝統的な「帰納の問題」はそれを問題とさえ思っていません。なぜなら、伝統的な「帰納の問題」は一般化の正当性にあるからです。また、それが懐疑論的に解決されるとき、経験への的中はむしろ当然のように利用されます。たとえば、帰納（的な信念）に関する確率（論的な定義）は、経験への的中がなかったら、どうやって記述すればよいのでしょうか。おそらく、「私たちは、ある対象に相反する結果が伴われるとき、ただ過去の経験によってのみ結果を判断する」（T 1.3.12.8）でしょう。だとすれば、「過去の〔帰納的な〕予言の成功と失敗」（Goodman 1983, 85-86）は、帰納の正誤を記述するのに、「正当に利用できる情報」（ibid. 85）なのではないでしょうか。あるいは、理想的な基準の想像に経験への的中が必要なことは、さらに明らかであるでしょう。なぜなら、理想的な基準は、判断の失敗と修正の反復なしには、想像されないからです (cf. T 1.2.4.23)。また、そもそも、帰納（的な信念）が正しいとは、どういうことでしょうか。もちろんそれは、それが経験に的中する、ということではありません。しかし、それは、経験に的中しそうである、ということではないでしょうか。つまり、私たちは、それの確率が高いとき、あるいは、それが基準に合うとき、それが（経験に？）当たると信じるのではないでしょうか。

それゆえに、経験への的中は標準的には「帰納の問題」にはなりません。しかし、「帰納の問題」にならないのは、これまでの経験への的中だけではないでしょうか。もちろん、経験へ的中が問われるのは、未来向きの帰納（的な信念）に限られます。だから、過去向きの帰納（的な信念）では経験への的中は問題になりません。すなわち、過去の経験は「帰納の問題」になりません。しかし、「帰納の問題」になるのは未来の経験です。なぜなら、未来向きの帰納（的な信念）は経験への的中を狙わざるをえないからです。（さもなければ、それは何を狙っているのでしょうか。）また、原因の印象から結果の信念への帰納は、明らかに未来に向かっています。だから、自然（本性）的な帰納（的な信念）にさえ経験への的中は問われます。すると、それは、懐疑論的にも解決されない、自然（本性）に根付いた「帰納の問題」であるかもしれません。すなわち、自然（本性）的な観点からは、未来の経験こそが基本的な「帰納の問題」である、といえるかもしれません。

ところで、帰納を巡る一般化の問題が行き着くところは、いわゆる規則（遵守）の問題であるかもしれません。たしかにヒューム（の因果論）は因果性を規則性と見ることを教えてくれました（cf. Psillos 2012, 131; マンフォード＋アンユム 2017, 18）。また、グッドマンの言うように、正しい（信念を導く）規則と誤った（信念を導く）規則を区別し定義することが、実は伝統的な「帰納の問題」であったのかもしれません（Goodman 1983, 65; 82）。とはいえ、彼の「グルー」の謎が明らかにしたのは、（正しい）規則を記述することにそもそも問題があるということです（cf. 飯田 2016, 27）。なぜなら、「規則は人が見いだすところにあるが、人は規則をどんなところにも見いだしうる」（Goodman 1983, 82）からです。たとえば、「ある時刻t以前に調査されたすべてのエメラルドがグリーンである」とき、そこに見いだされるのは、グリーンの規則でしょうか、それとも、グルーの規則でしょうか。あるいは、時刻t以前の調査されたグリーンのものとそれ以外のレッドのものに適用される、グレッド（gred）の規則でしょうか。それとも、「時刻t以前に調査されたエメラルドと後で調査されるバラにのみ適用される」（ibid. 74）、エメローズ（emerose）の規則でしょうか。このように考えていくと、そもそも（正しい）規則とは何なのか、わからなくなってきます。そして、どのような述語を使うべきか、わからなくなってきます。すると、ここに言葉の意味への懐疑論が生じるかもしれません。すなわち、クリプキが「クワス（quus）」の例で明らかにしたように、規則（遵守）の問題は言葉の意味への懐疑論につながるかもしれません（cf. 飯田 2016, 130-131）。——なお、「クワス（$\oplus$）」とは、xとyがどちらも57より小さいときには$x + y = x \oplus y$となるが、そうでないときには$x \oplus y = 5$となる関数です（Kripke 1982, 9）。——だが、言葉の意味への懐疑論が出てくると、まさに（言葉のあるところなら）どんなところにも規則（遵守）の問題があることになる。というのは、言葉に（規則的な）意味がなければ、そもそも規則（に従うことや背くこと）それ自体が成り立たなくなるからです（cf. 飯田 2016, 142-143）。

そのため、規則（遵守）の問題の射程は広く、科学哲学はもちろん、言語哲学まで届くわけですが、それが（一般的な）観念の問題であることに変わりはありません。自然の因果も言語の意味も、次の一回（だけ）が当たればよいものではありません。なぜなら、そもそも規則それ自体が一般的なものであるからです。ある人にある時にある所でのみ当てはまる規則はありません。だから、印象（だけ）が規則ではありません。印象（の内容）は今ここにしか現前しないからです。しかし、今ここに現前しない観念（の内容）にも、規則は当てはまらなくてはなりません。つまり、それは一般的でなければなりません。そして、ヒューム（の知覚論）によれば、一般的でありうるのは、もちろん観念（の内容）です。なぜなら、或る個別的な観念は他の類似する（内容の）観念を代表できるからです。《でも、どうして印象は他の観念を代表しないのでしょうか？》ようするに、私たちは、規則を考えるときには、今ここにない観念を考えなければなりません。さもなければ、それは規則にならないからです。

とはいえ、私たちは規則に反することも考えられてしまいます。そして、それゆえに、どのような観念が規則であるのか、わからなくなってしまいます。たとえば地球は一〇日後に自転を止めるかもしれません。この想像に（論理的な）矛盾はありません。ヒュームが言うように、「自然の経過が変わることは、そのような変化は思考できるのだから、可能である」(A 14)、というわけです。また、もしかしたら、生命の誕生以前に地球は自転を何度か止めたことがあったかもしれません。そして、まさに一〇日後は同じ周期で地球の自転が止まるかもしれません。すると、一〇日後に地球の自転が止まることは、やはり規則的であることになります。あるいは、私たちは明日から見つかるエメラルドを何色と考えるべきでしょうか。それはグリーンでしょうか。それともグルーでしょうか。そして、無限に大きな数が続くなら、クワスのような関数は無限に(思考)可能なのではないでしょうか。

すると、規則(遵守)の問題は観念の(思考)可能性の問題である、といえるかもしれません。――それゆえに、帰納的な一般化の正当性の問題も、もちろん観念の(思考)可能性の問題です。――すなわち、私たちは、自然の経過や言葉の意味を一般化するときに、あらゆる観念を(矛盾なく規則的に)無限に思考することができてしまいます。だから、私たちには、「どのような観念がどうして正しいのか?」が、わからなくなってしまうのです。

そのため、明日のエメラルドがグルーだと予言して外れることや、実際のテストでクワス算をしてバツにされることは、帰納を巡る一般化の問題に本質的でありません。なぜなら、それらは規則(遵守)の問題に本質的でないからです。すなわち、ここでは、「どのような印象が経験されるのか?」は、まったく問題になりません。そうではなくて、たとえば、地球の自転が止まることが思考できるなら、換言すれば、そのような観念が想像できるなら、一般化の正当性の問題は生じるのです。一般化の正当性を問題にするのは、観念の（思考）可能性に他なりません。無限の自然の経過が（矛盾なく規則的に）思考できること、このことだけで一般化の正当性は「帰納の問題」になるのです。

しかしながら、帰納（的な信念）には、それとは独立に、未来の経験への的中の問題があります。ですが、そもそも、未来の経験への的中とは、どのような問題なのでしょうか。もちろん、それは、――観念の（思考）可能性の問題でなく、――印象の（経験）可能性の問題である、とはいえるでしょう。しかし、それは本当に「帰納の問題」なのでしょうか。

なるほど、一見すると、それは（道徳上の）運の問題（の一つ）に似ているかもしれません。というのは、未来（の印象）の経験は（今の）私たちにはどうすることもできないからです。たとえば、ウィリアムズ（Bernard Williams）は、「(…) 自己の領域にないことは、自己のコントロール下になく、したがって運に左右される (…)」（Williams 1999, 20）、と述べています。すると、未来の経験は、私たちのコントロール下にないのだから、運に左右される、といえます。

でも、私たちにコントロールできないのは、未来の経験だけではありません。過去の経験もまた（今の）私たちにはコントロールできません。すると、ここでは運の種類を分けて考えるべきかもしれません。たとえば、道徳上の運は、ツィマーマン（Michael J. Zimmerman）によれば、大きく二つに分けられます（古田 2019, 289-290）。それらは状況の運と結果の運です（Zimmerman 1987, 376）。まず、状況の運とは「人が直面する状況についての運」（ibid.）のことですが、そこには「これまでに形成された（性向や資質などの）性格の本質」（ibid.）も含まれます。すると、過去の経験は状況の運に含まれるかもしれません。

では、未来の経験はどうでしょうか。それは結果の運に含まれるでしょうか。結果の運とは、「意思の決定や行為や不作為から、どんな結果が生じるかについての運」（ibid.）のことです。たしかにこれは帰納を巡る未来の問題に見えるかもしれません。というのは、私たちの行為（への意志ないし情念）は（帰納的な）信念の影響を免れないからです（cf. 木曾 2011, 545）。すなわち、私たちが（自然と）帰納する信念は、重要に見えるので、精神にしっかり固定されます（T 1.3.7.7）。なぜなら、それは、生き生きと感じられ、現実と信じられるからです。すると、私たちが（自然と）帰納する信念は、たしかに「私たちのすべての行為を支配する原理」（ibid.）になるかもしれません。つまり、どんな信念をもつのかによって、どんな行為をするのかは、決められるかもしれないということです。

すると、私たちは、信念がコントロールできるなら、行為もコントロールできる、とはいえそうです。しかし、もし信念（と行為）がコントロールできるなら、そこから「どんな結果が生じるか」は、どうしてコントロールできないのでしょうか。たしかに、私たちは、何らかの結果を信じて、何らかの行為を試みるでしょう。しかし、私たちの信じる結果（と同じ結果）が実際に生じるとはかぎりません。つまり、未来向きの帰納（的な信念）は印象の経験に的中するとはかぎりません。なぜなら、どんな（結果の）信念を帰納するのかと、どんな（結果の）印象を経験するのかは、それぞれ別の問題であるからです。（というのは、もちろん、前者は観念の問題であるが、後者は印象の問題であるからです。）でも、どうして私たちはそれを（的中するように）コントロールできないのでしょうか。どうして帰納（的な信念）は外れる（ことがある）のでしょうか。あるいは、どうしてそれは当たる（ことがある）のでしょうか。

なるほど、もしかしたら、それが当たるときには、すべてが私たちのコントロール下にある、といえるのかもしれません。しかし、もしそうだとすると、それが外れるときには、一体何がコントロール下にないのでしょうか。あるいは、それがまぐれ当たりでも、同じことはいえます。すなわち、それがまぐれであるのは、一体どうしてでしょうか。何がコントロール下にないから、それが運であるのでしょうか。

候補は二つあります。帰納する信念と経験する印象です。これらのうち、どちらか一方（か両方）が私たちのコントロール下にないとき、（道徳上の）結果の運は生じるでしょう。でも、どうしてそれらはコントロール下にない（ことがある）のでしょうか。

まず、どうして私たちは帰納する信念をコントロールできないのでしょうか。たしかに信念の観念は想像の観念です。そして、私たちの想像には諸（単純）観念を入れ替える自由があります。だから、私たちはペガサスやドラコンを想像できるのです。しかし、観念（の内容）を自由に変えて想像されるのは、空想の観念であって、信念の観念でありません。そうではなくて、私たち（の精神）は、むしろ、自然（本性）的に帰納するときには、決定される感じを受けるでしょう。すなわち、私たちの帰納は、（原因と結果の恒常的な連接の習慣があるのなら、）原因の印象が現前するときには、結果の信念を想像してしまいます。このとき信念（の内容）を変える自由はありません。つまり、このとき帰納される信念はコントロール下にありません。

では、どうして私たちは経験する印象をコントロールできないのでしょうか。すぐに気が付くのは、それが、観念でなく、印象である、ということです。すなわち、私たちは、考えることはコントロールできますが、感じることはコントロールできません。なるほど、たとえば、印象（の内容）を見間違えることは、まれにあるかもしれません。しかし、それが見間違いであるのなら、間違った（内容の）印象が見えなければなりません。なぜなら、「（…）何であれ、感じにとって異なって見える、ということは、ありえない」（T 1.4.2.7）からです。すなわち、印象（の内容）がどのように現れるかは、私たちのコントロール下にありません。さらに、（道徳上の）結果の運については、今ここで経験する印象でなく、未来に経験する印象こそが、論争の的になるべきです。というのは、「どのような結果が生じるのか」は、何らかの信念をもっ（て何らかの行為をし）てから、明らかになるからです。そのため、結果の運が問題になるときには、未来向きに帰納され（行為され）ていなければなりません。そして、未来向きの帰納（的な信念）が的中しうるのは、もちろん未来に経験される印象です。あるいは、そもそも、未来向きの帰納（的な信念）にしか、印象の経験への的中は問われません。すると、（今ここで経験する印象よりは、むしろ）未来に経験する印象が、（今の）私たちのコントロール下にないから、結果の運は生じるのかもしれません。

しかし、だとすると、今ここで経験する印象は、（結果の運でなく、むしろ）状況の運に左右される、と考えるべきかもしれません。というのも、私たちに現前する印象（の内容）とは、まさに今ここで私たちが「直面する状況」であるからです。また、同じように考えるなら、私たちの帰納する信念も、（結果の運でなく、むしろ）状況の運に左右される、といえるでしょう。というのは、状況の運には、「直面する状況」だけでなく、「これまでに形成された（…）性向（…）」なども含まれるからです。つまり、私たちがどんな結果の信念を帰納するのかは、原因の印象が現前すると、これまでの原因と結果の恒常的な連接の習慣によって、自然（本性）的に決定されます。ここで原因と結果の恒常的な連接の習慣を「これまでに形成された（…）性向（…）」と見ることに無理はないでしょう。

以上から、結果の運に本質的に左右されるのは、未来に経験する印象である、とはいえそうです。しかし、未来の印象の経験はどうしてコントロールできないのでしょうか。もちろん未来の経験は今の私たちにありません。でも、どうして未来の経験は今の私たちのコントロール下にないのでしょうか。かくして私たちは、結局のところ、「どうして帰納は外れるのか？」という問いに、連れ戻されることになります。というのは、私たちの帰納（的な信念）は、それがコントロールできるのなら、（まぐれでなく）当たらなければならないからです。あるいは、未来向きの帰納（的な信念）は、それがコントロール下にないから、外れうるわけです。

さて、仮にすべてがコントロール下にあるのなら、帰納（的な信念）は必ず当てられるはずです。

あるいは、もしも未来の経験それ自体が自由にコントロールできるなら、帰納（的な信念）は必ず当てられるかもしれません。というのも、未来が経験されるのは、信念を帰納し（行為を試行し）た後だからです。それはいわば後出しです。だから、そのときには（当てたければ）必ず当てられるでしょう。とはいえ、今にいる私たちには、どうしたって未来の経験それ自体はコントロールできそうにありません。なぜなら、それは現前しないからです。また、そもそも、結果の運があるのなら、未来の経験それ自体はもちろんコントロールできません。それが運に左右されるということは、それがコントロール下にないということだからです。

でも、結果の運なんて本当にあるのでしょうか。もちろん今の私たちに未来の印象それ自体をコントロールすることはできません。しかし、未来それ自体でなかったら、どうでしょうか。もし仮に未来の経験以外はすべて今の私たちのコントロール下にあるとしたら、私たちが帰納する信念（の内容）と同じ（内容の）印象が未来に経験されるのでしょうか。すなわち、今までのことがすべてコントロール下にあるのなら、今からのこともコントロール下にあるのでしょうか。それとも、たとえそうであるとしても、今からのことはコントロール下にないのでしょうか。

ようするに、ここで問われるのは、「どうして、これまでがそうであると、これからもそうであるのか？」ということです。これは（まさに子どもが抱きそうな）帰納への端的な謎です。しかし、ここに帰納を巡る未来の問題の分水嶺はあります。たとえば、もし仮に、あらゆる因果の理想的な基準をこれまでに完璧に作り上げていて、さらに現前する印象まで自由にコントロールできるとしたら、私たちの帰納（的な信念）は一体どうなるのでしょうか。それなら、当てられるのでしょうか。もしくは、それでも、外れうるのでしょうか。

まず、それなら当てられる、と答えてみましょう。すると、帰納（的な信念）はそもそも未来の経験への的中を問われなくなります。というのは、（当てたければ）必ず当てられるのなら、外れうることがなくなるからです。すなわち、このときには帰納を巡る未来の問題がなくなります。また、それゆえに（道徳上の）結果の運もなくなります。なぜなら、ここでは、未来の経験それ自体がコントロールできるかどうかは、まったく問題にならないからです。そうではなくて、ここでは、それ以外のすべてが今コントロールできるなら、それもコントロールできる、と答えているのです。すると、今からをどうにかしたいのなら、今までをどうにかすればよいことになる。だとすれば、ここにはむしろ状況の運しかありません。すなわち、ここでは、何が今コントロール下にあるのかが、むしろ問われなければなりません。

では、それでも外れうる、と答えると、どうなるのでしょうか。もちろん帰納（的な信念）には未来の経験の問題があることになります。そのときには、どんなに（理想的な基準に合致する）正しい信念が帰納されようと、（さらに今ここに現前する印象の経験がどんなにコントロールできようと、）それが未来の経験に的中しないことがありうる（のでなければならない）からです。また、それゆえに（道徳上の）結果の運もあることになるでしょう。というのも、そのときには、今までのすべてが今からを決めるわけではなくなるからです。すると、今までをどのようにしようと、今からはどうにもならないかもしれません。だから、ここでは、今までがどのようであるのかと、今からがどのようになるのかは、それぞれ独立に問われなければなりません。

だが、それでも、なお外れうるのは、どうしてでしょうか。ここで私たちは、「どうして帰納は外れるのか?」という問いに、いよいよ答えなければなりません。そして、もしそれにうまく答えられるなら、それがどのような問いであるのか、明らかにできるかもしれません。

もちろん、ここで、外れる理由が私たちの帰納にある、と考えることはできません。というのも、ここでは、私たちの帰納(的な信念)が正しいことは、仮定されているからです。すなわち、ここでは、それにもかかわらず、「どうして帰納は外れるのか?」と問われているわけです。したがって、もし、ここで、そのように考えてしまうのなら、結局のところ、(道徳上の)結果の運はなくなってしまいます。すなわち、そこには(道徳上の)状況の運だけが残ることになります。

明らかに同じことは「帰納の問題」についてもいえます。すなわち、ここで、外れる理由が私たちの帰納にある、と考えてしまうのなら、未来の経験の問題は「帰納の問題」でなくなってしまいます。そして、結局のところ、一般化の正当性だけが「帰納の問題」であることになってしまいます。たとえば、現在の知りうる気象状況をすべて正しく知って、気象学の完璧な基準に照らし合わせたにもかかわらず、明日の天気についての信念が外れてしまったとしましょう。もし、ここで、現在の情報が正しくなかったり、基準が完璧でなかったりすれば、もちろん私たちの帰納が悪かったことになります。しかし、だとすれば、ここで問われるべきは、結局のところ、「どのような帰納がどうして正しいのか？」という認識論的な問いになるわけです。

もちろん実際には完璧な基準なんて想像しえないかもしれません。なぜなら、「事実の問題」には、段階的に異なる「確信の程度」が無数にある（ので、「証明に反する証明」もありうる）からです。けれども、本当に正しい帰納（的な信念）が、どうして外れうるのでしょうか。もしそれが本当に正しいのなら、未来はそのようになるのではないでしょうか。

いや、それにもかかわらず、未来はそのようにならないかもしれない、と考えなくてはなりません。すなわち、本当に正しい帰納（的な信念）でさえ、外れうるのでなければなりません。でも、それはどうしてでしょうか。それは未来それ自体が悪いからです。そのように考えるのでなければ、未来の経験は「帰納の問題」になりません。たとえば、完璧に正しい天気予報が外れる理由は、天気それ自体にあるのでなければなりません。すなわち、私たちの帰納は正しいのに、自然それ自体が歩みを変えてしまうわけです。

でも、そんなことが本当にありうるでしょうか。なるほど、もしかしたら、（道徳上の）結果の運はそんなものではないかもしれません。というのは、たとえばウィリアムズは、何かを（道徳上の）運の問題と見なすときに、「（…）それに原因がないという含みをまったく持たせようとはしてない（…）」（Williams 1999, 22）からです。しかし、そうだとしたら、そもそも（道徳上の）運とは状況の運に他ならないかもしれません。すなわち、もし未来の結果に「原因がない」わけではないのなら、私たちの帰納（的な信念）は、完璧な因果の基準をもって、知りうる原因をすべて正しく知るときには、必ず当てられるのでなければなりません。すると、ここには（道徳上の）結果の運はありません。また、それゆえに（道徳上の）運の問題も認識論の問題なのかもしれません。というのは、ここでは一般化の正当性だけが「帰納の問題」になるからです。すなわち、帰納（的な信念）が外れるのは、それが正しくないからです。そして、それが正しくないのは、知りうる原因（と結果の基準）をちゃんと手に入れていないからです。未来の印象に「原因がない」わけではありません。むしろ、未来の印象の原因は、（あるとすれば、）現在になければなりません。しかし、私たちは今それをすべて知っているわけではありません。だから、私たちは帰納（的な信念）を外してしまうのです。とはいえ、もちろんそれは知りえないわけではありません。そうではなくて、知りうる原因がたまたま知られていないだけです。だから、知りうる原因がすべて知れるのなら、私たちの帰納（的な信念）は外れません。

さて、「どうして帰納は外れるのか?」の問いに、このように認識論的に答えるのなら、それは結局のところ認識論の問いであることになります。もちろん、帰納の認識論的な問題とは、一般化の観念の（思考）可能性の問題です。というのは、私たちの知識は「常に一般性を求める」（伊佐敷2011, 17強調傍点原著者）からです。すなわち、私たちは知識のために帰納的な一般化をするわけです。そして、知識はもちろん観念です。なぜなら、一般的な印象はないからです。また、そもそも、帰納とは、現前しない現実についての信念を得るための推論です。だとすれば、いわゆる「帰納の問題」が認識論の問題であることは明らかです。それは、証明の問題であろうと、記述の問題であろうと、認識論の問題であるでしょう。というのは、そこで証明されたり記述されたりするべきは、正当な一般化の観念であるからです。すなわち、一般化の正当性こそが「帰納の問題」であるわけです。

だが、未来の経験もまた「帰納の問題」であるのなら、そのような認識論的な答えに甘んじるわけにはいきません。では、「どうして帰納は外れるのか?」の問いに、私たちはどのように答えればよいのでしょうか。

たとえば、未来の印象に「原因がない」のなら、どうでしょうか。なるほど、もしそうであるのなら、私たちの帰納（的な信念）は、知りうる原因（と結果の基準）を今すべて正しく知ったとしても、なお外れてしまうかもしれません。というのは、私たちが今どんなに正しく原因（と結果の基準）を知っていようと、未来の印象それ自体は原因なしに歩みを変えてしまうかもしれないからです。《すると、この意味の（道徳上の）結果の運はあるのでしょうか?》

あるいは、未来の印象の原因は私たちには知りえないのかもしれません。というのは、第3章で見たように、印象の内容の原因は知りうるとしても、印象の活気は「知られない原因から（…）生じる」からです。たとえば、雨雲の位置や大気の温度などは、雪の降る諸原因であるでしょう。しかし、それらはもちろん雪が印象になる原因ではありません。なぜなら、それらの間の因果関係は、それらすべてが観念（の内容）であるときにも、同じように成立しなければならないからです。では、どうして雪は印象の活気（の程度）をもてるのでしょうか。おそらくこうした問いに私たちは答えられません。すなわち、何かを印象にする活気の原因は、私たちにはわかりません。私たちには、どうして何かが（観念でなく）印象であるのか、わかりません。

すると、私たちには知りえない原因によって、（あるいは、まったく原因なしに、）自然は歩みを変えるかもしれません。たとえば、雪の降る諸原因（と結果の基準）が今すべて正しく私たちに知られているとしても、私たちの「明日は雪が降る」という帰納（的な信念）は外れるかもしれません。なぜなら、明日の自然は、雪でなく、晴天を印象にしうるからです。もちろん晴天が印象になる原因も私たちには知りえません。あるいは、何かが印象になることに、そもそも原因はないのかもしれません。すると、帰納（的な信念）が未来の印象に的中しないとき、帰納（的な信念）が悪いのではないかもしれません。そうではなくて、未来の印象のせいで、帰納（的な信念）は外れるのかもしれません。

さて、「どうして帰納は外れるのか？」の問いに、このように答えるなら、未来の経験もまた「帰納の問題」であることになる。というのは、未来の印象それ自体が（なぜか）歩みを変えるせいで、私たちの帰納（的な信念）は外れうることになるからです。もちろん、この「帰納の問題」は一般化の観念の（思考）可能性の問題に回収されません。なぜなら、ここで問われるのは、未来の印象の（経験）可能性であるからです。すなわち、自然それ自体が未来の印象の歩みを変えることが可能であるから、未来の経験は「帰納の問題」になるわけです。

でも、自然それ自体の歩みが（なぜか）変わることは、本当に可能なのでしょうか。たしかにそれは観念（の思考）では可能でしょう。しかし、帰納を巡る未来の問題は、認識論の問題ではありません。そうではなくて、それは印象（の経験）でも可能であるのでなければなりません。さもなければ、未来の経験は「帰納の問題」でなくなってしまうからです。でも、一体どうしたら、自然それ自体の歩みが本当に変わりうる、といえるのでしょうか。なるほど、もしかしたら、それはむしろ形而上学の問題であるかもしれません。なぜなら、それは私たちの経験の在り方の問題であるからです。あるいは、それは未来という時間の問題であるからです。そして、「どうして帰納は外れるのか？」の問いには、もっと形而上学的に答えればよいのかもしれません。すなわち、それは、自然それ自体が帰納的に存在するからだ、と。《すると、（道徳上の）結果の運も形而上学の問題になるのでしょうか？》

世界の帰納的な存在構造

帰納（的な信念）には一般化の正当性の問題と未来の経験の問題があります。前者は、一般的な想像の話なので、観念の問題です。そのため、それは伝統的に認識論の問題とされています。後者は、個別的な経験の話なので、印象の問題です。これはおそらく形而上学の問題です。なぜなら、未来の経験が「帰納の問題」であるのなら、「どうして帰納は外れるのか？」という問いに、形而上学的に答えることになるからです。たしかに、一般化の正当化こそが「帰納の問題」であるのなら、その問いもまた認識論的に答えられるかもしれません。しかし、そのように認識論的に答えられるときには、おそらく元の問い自体が、認識論的な問いに、すなわち「どのような帰納がどうして正しいのか？」という問いに、すり替わってしまうでしょう。すると、「どうして帰納は外れるのか？」という問いは、実はそもそも問いですらなかったのでしょうか。そうではありません。それはなお形而上学的な問いでありえます。なぜなら、それは形而上学的に答えられるからです。とはいえ、そのためには、未来の経験が「帰納の問題」にならなければなりません。また、もちろん、それ自体が、認識論の問題でなく、形而上学の問題でなければなりません。さもなければ、「どうして帰納は外れるのか？」の問いに、形而上学的に答えられません。

けれども、未来の経験がどうして帰納を巡る形而上学の問題になるのでしょうか。なるほど、私たちが、ヒューム（の知覚論）に倣って、「帰納の問題」を印象と観念から論じるなら、たしかにそれは認識論の問題にしか見えないかもしれません。なぜなら、それらは私たち人間が感じることと考えることであるからです。すると、どんな学問であれ、印象と観念から論究されるなら、「(…) 多かれ少なかれ人間の自然本性と関係がある」(T Intro. 4)、とはいえるでしょう。しかし、すべてを私たち人間の（自然）本性の内として見限るのは、あまりにも粗雑なやり方ではないでしょうか。というのも、私たちは、印象と観念を互いに分けられ、それゆえに、印象と観念の内に、さらに内と外を設けられるからです。

また、もしかしたら、ヒューム自身の「帰納の問題」への関心は、たしかに「認識論的論点というより心理学的論点にある」（ビービー 2014, 27）かもしれません。すなわち、彼の「帰納の問題」の狙いは、私たちの帰納（的な信念）が、どうして正しいのかを認識論的に論じることよりも、どのように生じるのかを心理学的に述べることにあるのかもしれません。しかし、彼の『人間本性論』の目的が心理学（だけ）であるわけではありません（cf. 神野 2014, 43-44）。なるほど、『人間本性論』の第二巻は、まさに「情念について」論じるので、たしかに（もっとも）心理学的であるかもしれません。ですが、第二巻の情念論を第三巻の道徳論のための準備と見るなら（cf. 石川 2011, 180）、むしろ心理学的な情念論は道徳論の手段といえるでしょう。さらに、第一巻の目的が心理学的でないことは明らかです。それは情念論に先立って「知性について」論じるからです。もちろんそれを心理学的な知識論と見ることはできるでしょう（cf. 神野 2014, 29）。なぜなら、それを基礎付けるのは、私たちの精神の印象と観念であるからです。また、たしかに第一巻の第一部は印象と観念を主題とします。しかし、それはやはりそれ以降のための準備であるでしょう。すなわち、印象と観念の知覚論は、それ以降の認識論（や道徳論）を論じるための心理学的な手段であって、『人間本性論』の（主題の一つではありますが）唯一の目的ではありません。

しかし、心理学的な認識論（と道徳論）が『人間本性論』のすべてではありません。たとえば、第一巻の第二部では、主に空間と時間について論じられ、また、最後の第六節では（外的）存在も出てきますが、これらは明らかに形而上学の主題です。もちろん第三部は第二部よりも認識論的かもしれません。なぜなら、第三部は（論証的な）知識と（蓋然的な）帰納を論じるからです。しかし、そこでは、帰納（的な信念）は、因果（的な必然）性への言及なしには、論究されません。さらに、第一巻の第四節は、（理性についての懐疑論から始まりますが、）外的な物体や人格の同一性を取り上げています。もちろん因果性や同一性は形而上学の主題です。すると、『人間本性論』の第一巻は、心理学的な認識論と見ることもできるでしょうが、形而上学的な存在論と見ることもできるでしょう（cf. ibid. 280）。論究の手段が心理学的であるからといって、論究の主題が心理学的である必要はありません。それはむしろ形而上学的であるかもしれません。また、たとえば因果（的な力）について、認識論的には懐疑論を取るが、存在論的には実在論を取る、ということができるなら（cf. Richman 2007, 1）、私たちは『人間本性論』の第一巻について認識論と存在論をそれぞれ独立に論じられるでしょう。すなわち、私たちの帰納（的な信念）については、認識論の問題になるのは、一般化の観念であるが、形而上学の問題になるのは、未来の印象である、と。

では、未来の印象を、認識論の問題でなく、形而上学の問題にしていきましょう。そのためには、印象それ自体を、私たちの精神に生じる知覚でなく、世界ないし自然に生じる存在である、と見る必要があります。これはおそらく難しくありません。なぜなら、印象は私たちに「知られない原因から（…）生じる」からです。もちろん印象の原因を私たちは色々と考えるかもしれません。しかし、それは私たちの観念の内にはありません。というのは、もしそれが観念の内にあるのなら、それは知られるかもしれないからです。そうではなくて、それは私たちには「知られない」のです。

だから、印象が生じる原因は、私たちの内にはありません。印象はいわば私たちの外からやって来るのです。すると、印象の生じる原因は、私たちから独立の世界にあるのかもしれません。あるいは、もちろんそれは世界の側にもないのかもしれません。しかし、いずれにせよ、それは私たち人間の側にはありません。また、印象は、むろん私たちの経験にはなりますが、むしろそれ自体では「現実の存在」であるかもしれません。たとえば、有名なバークリの言説にあるように、「(…)存在するとは知覚されることである」(バークリ 2004, 45) なら、私たち(の精神)が経験する印象は、たしかに「現実の存在」であるでしょう。しかし、私たちがいない世界ではどうでしょうか。もちろんそれは経験されません。でも、それは存在しない、とは言い切れません。なるほど、そもそも存在しない印象は、私たちに経験されません。しかし、私たちが経験しない印象だって存在するかもしれません。すなわち、私たちのいない世界では印象それ自体が「現実の存在」であるかもしれません。

以上から、世界ないし自然それ自体に、印象が存在することは可能である、といえるでしょう。すると、帰納(的な信念)が外れるのは、もしかしたら、世界ないし自然の印象のせいであるかもしれません。もちろん私たちの帰納(的な信念)がそもそも誤っていることはあるでしょう。しかし、世界ないし自然に印象が存在するのなら、私たちの正しい帰納(的な信念)が外れるかもしれません。すなわち、たとえ私たちが、知りうる原因(と結果の基準)をすべて正しく手に入れたとしても、そして、もちろん経験への的中をしっかり狙ったにもかかわらず、私たちの帰納(的な信念）は外れてしまうかもしれません。なぜなら、世界それ自体に存在する印象は、私たちに「知られない原因から（…）生じる」からです。あるいは、自然それ自体の印象は、何の原因もなしに、歩みを変えるかもしれないからです。だから、そのために帰納（的な信念）が外れたなら、悪いのは明らかに世界ないし自然の印象です。すなわち、私たちの帰納（的な信念）が悪かったから、それが外れたわけではありません。かくして、「どうして帰納は外れるのか？」の問いには、形而上学的に答えることができる。すなわち、それは、世界の印象の在り方が、あるいは、自然の印象の歩み方が、（なぜか）変わってしまったからだ、と。

ところで、認識論的には懐疑論者であるが、存在論的には実在論者であることは、ヒューム自身に当てはまるかもしれません。たとえば、いわゆるニュー・ヒューミアンたちは彼を「因果的な力と外的な対象についての懐疑論的な実在論者」（Richman 2007, 1）と見なします。すなわち、彼は、因果（ないし外界）について、「（…）そのものの存在については実在論者であるが、（…）そのものの本質（…）については（…）懐疑論者である」（ibid.）、というわけです。たしかに、「私たちが対象について知るかぎりでの認識論的な因果の概念」（Strawson 2007, 33）と、「〝対象〟にそのまま在るような存在論的な因果の概念」（ibid.）は、互いに区別できるでしょう。すると、たとえばストローソン（Galen Strawson）の言うように、彼の論じる原因と結果の恒常的な連接は、「（…）私たちが対象について知りうるかぎりでの因果についての理論にすぎない」（ibid.）のかもしれません。そして、彼は、「（…）対象にそのままあるような因果については、因果の存在を信じている」（ibid.）のかもしれません。

だが、すると、彼の因果論は、「自然には私たちの感覚に直接到来しない実在の力が存在する」、と言いたいのでしょうか。なるほど、たしかに彼の（たとえば『人間知性研究』第四章の）因果論に見られる「秘密の力」のような言い回しは、実在論的な解釈を促すかもしれません（cf. Coventry 2007, 117; 矢嶋 2012, 136）。残念ながら、ここで彼の因果論の解釈研究に踏み込む余裕は私にはありません。しかし、どうして彼は因果的な力の実在を信じるのでしょうか。やはりそれは自然（本性）的な信念なのでしょうか。つまり、私たちはそれを人間の（自然）本性上どうしても信じてしまうのでしょうか。たしかに自然（本性）主義的にはそうなのかもしれません。とはいえ、どうして彼の認識論は存在論に波及しないのでしょうか。彼の因果論が、認識論的に懐疑論であるのなら、存在論的に懐疑論でないのは、どうしてなのでしょうか。

たしかに懐疑論は「けっして根本的には癒されない病」（T 1.4.2.57）であるかもしれません。というのは、「(…) 私たちが、それに抵抗しようと順応しようと、私たちの反省を進めれば進めるほど、懐疑は常に増大する」（ibid.）からです。すなわち、理性の力は、むしろ懐疑論を作り出すので、懐疑論を打ち破れません（T 1.4.1.12）。「それゆえに、〔私たち人間の〕自然本性が、すべての懐疑論の力を、そのうちに解消し、大して知性に影響しないようにするのは、幸運なことである」（ibid.）のです。なるほど、理性的な懐疑論を鎮静するのは、たしかに「捉われないで気にしないこと」（T 1.4.2.57）かもしれません。すなわち、私たち人間の（自然）本性は、生き生きとした印象の気晴らしによって、私たちを懐疑論的な憂鬱から救えるかもしれません（cf. T 1.4.7.9）。すると、もしかしたら、彼の心には、「（…）哲学の真っ最中でも、なお人間であれ」（E 1.6）、と刻まれているのかもしれません。

とはいえ、もし彼が、世俗の人間でなく、哲学者であるのなら、彼は存在論でも懐疑論に陥るのではないでしょうか。なぜなら、懐疑論は「けっして根本的には治療されない」のですから。すると、「理性は私たちにひじょうに明らかなしかたで因果的必然性の明白な誤りを教えているのに（…）」（メイヤスー 2017, 152）、どうして、「（…）理性の友である哲学者の多くが、この事柄については、知性による輝かしい明らかさよりも習慣的な知覚に信頼を置く（…）」（ibid.）のでしょうか。もちろん自然（本性）的な習慣を信頼する正当な理由はありません。なぜなら、「自然の斉一性」は理性的には証明されないからです。しかし、だとしたら、「理性の友である哲学者」は、自然（本性）的な実在論にも落ち着けないかもしれません。

もちろん理性は懐疑論を正当化するわけではありません。「本当の懐疑論者は、彼の哲学的確信だけでなく、彼の哲学的懐疑もまた、信用しない（…）」（T 1.4.7.14）からです。だから、たとえば「自然の不斉一性」が理性に証明されるわけではありません。自然の歩みが、斉一的であるのか、それとも不斉一的であるのか、私たちの理性にはけっして決められません。しかし、だからこそ、それは自然（本性）に決められます。すなわち、私たちは人間として（自然）本性的に「自然の斉一性」の実在に身を委ねます。だが、哲学者はそこに落ち着きません。すなわち、私たちは、哲学

者であるのなら、また理性的に「自然の斉一性」の懐疑に身を投じるでしょう

したがって、理性はもちろん、自然の歩みは不斉一的である、と言い切っているわけではありません。そうではなくて、それはむしろ、自然の歩みは不斉一的でありうる、と言っているだけです。だから、「自然の斉一性」も「自然の不斉一性」も理性の答えではありません。理性は「どのような帰納がどうして正しいのか？」という問いに答えられません。しかし、「どうして帰納は外れるのか？」という問いには、それは自然の歩みが不斉一的に変わりうるからだ、と理性は答えています。すなわち、「思考可能性の原理」に鑑みれば、「(…)理性は明らかに、矛盾のないどんな可能性でも生じることを許容する(…)」(メイヤスー 2017, 151-152) わけです。すると、「自然の不斉一性」の可能性はたしかに理性の答えであるでしょう。しかし、もちろん「自然の斉一性」の可能性も理性の答えであるでしょう。(とはいえ、それはさらに自然(本性)的な答えでもあるでしょうが。)なぜなら、そこには「ある可能性を別の可能性より優遇するいかなる原理もない」(ibid.) からです。しかし、そもそも理性は「自然の不斉一性」(の可能性)だけを証明する必要はありません。そうではなくて、「自然の不斉一性」が可能でさえあれば、自然それ自体の「帰納の問題」が可能になるのです。

ようするに、「理性の友である哲学者」は(認識論的にも)存在論的にも懐疑論者になれるでしょう。そして、そのときには、(私たちが思考する因果的な規則の観念でなく、)自然それ自体に存在する因果的な力の印象に、「帰納の問題」があることになるのです。ヒューム自身も、(現に私

たちの誰よりも哲学者であるでしょうが、）哲学者であるのなら、もちろん存在論的な懐疑論者になるでしょう。すると、彼は、因果（力）についての懐疑論的な実在論者と見られても、さらに自然に実在する因果（力）それ自体で「帰納の問題」を論じるはずです。すなわち、哲学者ヒュームが論じるべき「帰納の問題」は、自然ないし世界それ自体にあるのです。

このように彼の「帰納の問題」を見ることは、たしかに標準的な解釈ではありません。しかし、たとえば、メイヤスーは、ポパーの解釈について、次のように書いています。

> 実際、反証可能性論は、自然法則が将来、何の理由もなしに変わりうると主張するものではなく、むしろ「たんに」、自然科学の諸理論は、まだ知られていない実験状況によってつねに反証される可能性がある、と主張することにその本質がある。反証可能性主義者たちにとって問題となるのは、自然において存在する「作用因子」を徹底的に確実に知ることは不可能だという理由により、自然の諸理論の永続性への信に疑いをかけることである。それゆえ、ポパーも――彼に続く科学認識論者も――、事象の変換における何の理由もない変化によってひとつの理論が破壊される、という主張をしているわけではない。同一の状況のなかで、自然法則がいつの日か変化するということをポパーは肯定していない。ポパーはたんに、物理の何らかの理論が恒久的に妥当だということを私たちは決して証明できないという主張をしているにすぎない。（…）ポパーは、議論なしで斉一性の原理が真理であると認めているし、それゆえ、

ヒュームの問題を真正の問題として取り扱うべく心配することは決してないのだ。(メイヤスー 2017, 142-143)

メイヤスーの言うように、ポパーの解する「帰納の問題」は、まさしく認識論的な観念の問題であって、けっして存在論的な印象の問題でありません。すなわち、標準的な「帰納の問題」は、世界に実在する自然(法則)それ自体が(なぜか)未来に印象を変えることを、心配するものではありません。しかし、それを「真正の問題」と見るのなら、自然それ自体の未来の印象が「帰納の問題」になるわけです。すなわち、そのときには、「ヒュームの問題は、自然に関する私たちの理論の将来の妥当性を問うものでなく、自然そのものの将来の安定性を問うもの(…)」(ibid.)になるのです。

さて、哲学者ヒュームの論じるべき「帰納の問題」は「自然そのもの」にある、この点についてメイヤスーに異論はありません。しかし、彼の考える「自然そのもの」と私の考えるそれはおそらく少し(?)異なります。というのは、彼(の思弁的実在論)の念頭にあるのは、未来の印象それ自体が存在する可能性でなく、「事物それ自体を思考する可能性」(千葉 2017, 215)であるからです。もちろん彼の掲げる非理由律を私もまた(先にヒュームから学んで)抱えています。すなわち、これまで見てきたように、未来の印象それ自体は(私たちが知りうる)原因なしに歩みを変えるかもしれません。というのは、「いかなるものにも、今そうであるように存在し、そのようであり続ける理由はない」（メイヤスー 2017, 105）からです。とはいえ、「いかなる理由もなく今そうであるようではなくなりうるのでなければならない」（ibid.）のは、そもそも何なのでしょうか。

なるほど、もしここで私がメイヤスーに寄り添うのなら、それは思弁的に可能な実在である、といえるでしょうか。しかし、思弁的に可能な実在とは、印象なのでしょうか、観念なのでしょうか。それは私の目にはやはり観念に映ります。なぜなら、それは、思考される実在であるがゆえに、印象それ自体でなく、印象の観念であるからです。すると、それはヒュームから学んだ私の「帰納の問題」ではないのかもしれません。というのは、私の「帰納の問題」になるのは、未来の印象であるからです。しかし、それはもちろん、未来の印象の観念でなく、未来の印象そのものです。すなわち、私の「帰納の問題」は、経験的に可能な存在の印象だけを問題のする点で、メイヤスーのそれと異なるのです。

もちろん思弁的に可能な実在の観念も「帰納の問題」にはなります。しかし、それは私にはやはり認識論の問題に見えます。というのは、（もしかしたら私が彼の思弁的実在論を誤解しているだけかもしれませんが。）思弁的に可能な実在が観念であるのなら、そこで「帰納の問題」になるのは、一般化の観念に他ならないからです。これは私が論じたい「帰納の問題」ではありません。そうではなくて、ここで私がヒュームと共に論じたいのは、帰納を巡る形而上学の問題です。もちろんそれは帰納（的な信念）の未来の印象への的中の問題です。だから、それは、実在の観念の問題でなく、未来の印象の問題である。すなわち、未来それ自体の存在が私の「帰納の問題」なのです。

すると、私の「帰納の問題」は時間の問題である、といえるかもしれません（cf. 永井 2014, 68）。しかし、それはもちろんメイヤスーの隔時性の問題ではありません。というのは、彼の隔時性の問題は、「思考と存在の時間的不一致」（メイヤスー 2017, 187）の問題であるからです。なるほど、帰納（的な信念）と未来の印象の間には、たしかに「時間的な隔たり」（ibid. 188）があります。しかし、彼の隔時性の問題は、たとえば人類の誕生前（の過去）と人類の消滅後（の未来）の両方の世界（についての言明）に関わるので（ibid. 187-188）、未来向きの帰納（的な信念）だけに生じるわけではありません。すると、メイヤスーと私の違いはここに浮かび上がります。つまり、私の「帰納の問題」では、自然それ自体の非理由の変化は、未来（の印象）にだけは本当にありうる、としかいえません。しかし、彼の隔時性の問題では、自然それ自体の非理由の変化は、（祖先以前的な）過去（の実在）にもまた本当にありえた、とまでいえてしまうのです（cf. ibid. 24-26）。それゆえに、人類の誕生以前と消滅以後がそれぞれ過去と未来であることは、（たまたま現在に人類がいるので、そうなっていますが、）隔時性の問題に本質的でありません。そうではなくて、それはそもそも（私たちの）思考と（世界の）実在の間の「時間的な隔たり」の問題です。しかし、むしろ私の「帰納の問題」は、私たちがいなくても、世界それ自体にありうるのです。

そのために、ここではもはや、印象だけでなく観念もまた、私たち（の精神）から切り離し、世界それ自体に埋め込んでしまいましょう。すると、世界ないし自然それ自体が、印象と観念から成るので、帰納的な存在構造をもつことになります。というのは、そもそも、印象と観念の間に、時間的ないし存在的な差異があるからです。たとえば、精神の印象が今（ここ）の経験であるなら、世界の印象は今（ここの）存在である、といえます。また、世界の観念は、それが（神の？）記憶であるなら、それは過去の存在であるが、それが（神の？）想像であるなら、それは可能な存在である、といえるでしょう。すると、まさに世界それ自体に「帰納の問題」があることになる。しかし、ここで私が問いたいのは、思弁的に可能な実在の観念がどうあるのか、という問いでなく、経験的に可能な存在の印象がどうなるのか、という問いであるわけです。だから、私の「帰納の問題」になるのは、隔時的な実在の観念でなく、経時的な存在の印象であるのです。

　さて、世界それ自体が経時的な存在であるなら、世界それ自体が「帰納の問題」を抱えることになる。すなわち、それは、私たちの認識の問題でなく、世界の存在の問題であることになる。とはいえ、哲学の典型的な懐疑論とは、おそらく認識論的な懐疑論でしょう。すると、存在論的な懐疑論とは、そもそも何なのでしょうか。

　なるほど、たとえば外界への懐疑論は、外界についての信念の正当化を要求するので、たしかに認識論的な問題です。しかし、帰納を巡る未来の問題は、（それが懐疑論であるとしても、）認識論的な懐疑論の枠に収まらないのではないでしょうか。このことを明らかにするために、ここでは哲学の代表的な懐疑論が共有する型を押さえておきましょう。

　たとえば、外界の懐疑論では、眼前の机や脚元の床に関する信念（の正当性）が疑われます。なぜなら、私たちには外界の机ないし床に直接アクセスする術がないからです。とはいえ、ここで懐疑論者はそれぞれの信念を個別に一つずつ調べていくわけではありません（cf. ストラウド 2006, 20-21）。そうではなくて、ここで懐疑の目を集めるのは、外界に関する諸信念に共通の源泉です。たとえば、机が見えることや床が触れることから、外界の机や床が信じられるなら、感覚が外界を信じる理由であるでしょう。すると、懐疑の的は感覚に絞られます。つまり、外界の懐疑論者は、感覚の信頼性を査定することで、外界に関する無数の諸信念をまとめて一度に査定するのです（cf. ibid. 21-24）。

もちろん感覚は私たちを欺くことがあります。だが、それに何度か欺かれたところで、それを全面的に信じなくなるわけではありません（cf. ibid. 25-26）。なぜなら、それでもなお信頼に値する感覚はありうるからです。しかし、懐疑論に必要なのは、源泉の誤謬が、現に経験されることでなく、論理的に可能であることです（cf. Ayer 2004, 39）。すなわち、外界の懐疑論者が言いたいのは、感覚から外界を信じることは、（実際に役立たないということでなく、）論理的に問題があるということなのです（cf. ibid.）。

懐疑論者は、信念の源泉を一気に攻撃するため、仮説を唱えます。たとえば、外界の懐疑論者は、感覚の誤謬を可能にするため、「水槽の脳」仮説を唱えるかもしれません（cf. パトナム 1994, 7-8）。つまり、私たちの感覚が培養槽に浮かぶ脳の見る夢であるなら、感覚は常に私たちを欺いていることになる。むろん、私たちが培養槽の脳であることは、経験的に証明されません。ですが、懐疑論に必要なのは、それが論理的に可能であることです。

あるいは、感覚から外界を信じたい人こそ、自分が培養槽の脳でない、と知らなくてはなりません（cf. ストラウド 2006, 31-32）。しかし、どんな感覚も「水槽の脳」仮説を反証することはできません。なぜなら、私たちに感覚があることと、私たちが水槽の脳であることとは、互いに矛盾なく両立するからです（ibid. 32）。

懐疑論者の仮説の下では信念の源泉はまったく無力です。たとえば、「水槽の脳」仮説の下では、あらゆる感覚が外界を信じる理由になりません。というのは、仮説は一切の感覚を錯誤にするのに、一切の感覚は仮説の反例にならないからです（cf. 山田 2020, 121-122）。もちろん、もしも私たちが（感覚を通さずに）直接に外界にアクセスできるなら、外界への懐疑はいわば正面から解決されるでしょう。しかし、そんな正面からの解決をそもそも不可能にするのが、懐疑論者の仮説であるわけです。だから、懐疑論者の正当化の要求には、けっして正面からは応えられません。すなわち、哲学の懐疑論に正面からの解決はありえません。そうなるような仮説を懐疑論者は唱えるわけです。

さて、以上の基本的な型は他の有名な懐疑論にも見いだせます。たとえば、他人に意識があることや、過去の世界があったことは、どうして信じられるのでしょうか。もちろん、他人の意識や過去の世界に、（自分の意識や現在の世界にアクセスするように、）直接にアクセスすることはできません。ここで懐疑論者は信念の源泉を突き止めます。たとえば、それらの信念の源泉は、それぞれ他人の行為と現在の記憶である、といえるかもしれません。しかし、信念の源泉から信念への飛躍には論理的な問題があるわけです。それを明らかにするために懐疑論的な仮説は立てられます。まず、他人の意識への懐疑には、「哲学的ゾンビ」仮説が使えるかもしれません。すなわち、私の双子のゾンビは、私と物理的な構造や機能は同じであるのに、ただ現象的な意識の経験だけが欠けています（cf. Chalmers 1996, 94-95）。だから、もちろんゾンビの行為が仮説を反証することはありません。ゾンビは意識ある人と同じように振る舞うからです。また、過去の世界への懐疑には「五分前世界創造」仮説が有用です。つまり、「世界が五分前に、まさにそのときそうあったように、急に存在し始めた」（Russell 2005, 94）のなら、現在の記憶はどれも錯誤であることになる。しかし、現在の記憶と五分前の世界創造は、もちろん互いに矛盾なく両立します。なぜなら、「異なる時間の出来事の間には、論理的に必然的な結合がない」（ibid.）からです。

もちろん、帰納的な一般化の正当性の問題も哲学的な懐疑論の典型である、といえるでしょう（cf. Ayer 2004, 36; Strawson 2004, 2-3）。あるいは、ここではむしろ「自然の斉一性」の信念への懐疑とそれを見るべきかもしれません。第5章で見たように、「自然の斉一性」の信念こそが帰納的な一般化を支えるからです。でも、どうして私たちはそれを信じるのでしょうか。「自然の斉一性」の信念の源泉は何なのでしょうか。それは明らかに自然の斉一性の経験であるでしょう。すなわち、──原因と結果の恒常的な連接が、因果的な必然性の信念の源泉であるように、──これまでに経験している自然の歩みが斉一的であるから、（これから経験する自然の歩みを含む）あらゆる自然の歩みが斉一的である、と信じられるのです。

では、「自然の斉一性」の信念に対して懐疑論者はどのような仮説を立てればよいでしょうか。それは、（残念ながら、他の懐疑論の仮説と違って、人受けする面白さがないのですが、）もちろん

「自然の不斉一性」仮説です。すなわち、自然の歩みは、経験内では斉一的であるのですが、経験外では斉一的でありません。もちろんここに矛盾はありません。すなわち、経験内の斉一性と経験外の不斉一性は互いに両立可能です。だから、自然の斉一性の経験は「自然の不斉一性」仮説の反例になりません。また、もちろん仮説は源泉の錯誤を可能にします。たしかに私たちの経験の内ではは自然は斉一的に見えるでしょう。しかし、それが私たちの経験の外で斉一的でないなら、それは本当に斉一的であるのでしょうか。すなわち、私たちに斉一的に見えるのは、実は斉一的でない全体の一部でしかありません。だとしたら、そもそも斉一性とは何なのでしょうか。（かくして私たちは規則（遵守）への懐疑に行き着きます。すると、「グルー」仮説が使えるので、少し面白くなるかもしれません。）

これまでの経験を理由にあらゆる「自然の斉一性」を信じることには、やはり論理的な飛躍があります。すなわち、私たちに「自然の斉一性」を信じる正当な理由はありません。だから、帰納的な一般化は合理的に正当化されません。

さて、まだ「帰納の問題」は認識論的な懐疑論の枠に収まっています。しかし、未来向きの帰納（的な信念）が未来の印象への的中を問われるとき、それは認識論の枠組みを超え出ます。なぜなら、それは、観念のみの問題でなく、未来の印象の問題であるからです。すなわち、印象は観念の外であるので、未来の印象への的中が問われると、それは、観念の内から、あるいは認識論の枠組みから、飛び出してしまうのです。

しかし、こうした印象の逸脱が他の懐疑論にはまったくありません。だから、それらは認識論的な観念の話に収まります。すなわち、それらは認識論的な懐疑論であるのです。たとえば、外界の懐疑論者に問われるのは、感覚から外界への飛躍なのですから、感覚は印象でも観念でも構いません。同じことは他人の意識への懐疑論でもいえます。すなわち、他人の行為が印象であろうと観念であろうと、他人の行為から他人の意識への飛躍が問題なのです。ようするに、これらの懐疑論に問われるのは、私たちの知覚から知覚以外の何かへの飛躍です。しかし、未来向きの帰納（的な信念）には、信念の観念から未来の印象への飛躍があるわけです。

では、過去の世界への懐疑論はどうでしょうか。そこには記憶の観念から過去の印象への飛躍があるのでしょうか。そうではありません。そこにあるのは、現在の記憶から過去の世界への飛躍です。だから、過去の世界への懐疑もまた認識論の問題です。そこでは知覚から知覚以外への飛躍が問われるからです。なるほど、もし仮に、過去の印象（の存在ないし経験）が可能であるなら、現在の記憶は過去の印象への的中を問われるかもしれません。しかし、記憶が当たったり外れたりするということは、どういうことなのでしょうか。それは結局のところ一般化の観念の問題に回収されないでしょうか。そもそも過去の印象は（存在ないし経験）可能でありません。また、それは、もし（思考）可能であるとしても、過去の印象の観念であることになるでしょう。

しかし、未来の印象は（存在ないし経験）可能です。さもなければ、どうして私たちの帰納（的な信念）はそれへの的中を狙えるのでしょうか。また、そもそも、未来の印象への的中を狙わないのなら、それは未来向きの（健全な）帰納（的な信念）ではありません。すなわち、狙いが未来の印象であるから、それは未来向きであるわけです。だから、それが当たったり外れたりするということが、わからない人はいないでしょう。誰でも未来についての信念を帰納するなら、印象への的中を狙っているからです。

　それゆえに、未来の印象が「帰納の問題」になるのなら、それは存在論的な懐疑論になるでしょう。もちろん、帰納を巡る一般化の問題は、認識論的な観念の枠に残っています。しかし、帰納を巡る未来の問題は、存在論的な印象の域に踏み込みます。たとえば、明日は雪になる可能性があるということは、雪の観念が思考しうるというよりは、むしろ雪の印象が存在（ないし経験）しうるということです。だから、印象の存在（ないし経験）への的中を、未来向きの帰納（的な信念）は問われるのです。だが、すると、未来向きの帰納（的な信念）への懐疑論者は、まさに存在論的な印象レベルで「自然の不斉一性」仮説を唱えるのでなければなりません。さもなければ、それは認識論的な観念レベルの話になってしまうからです。そうではなくて、帰納を巡る未来の印象の問題（だけ）は、存在論的な懐疑論でなければなりません。

　とはいえ、未来の印象が「帰納の問題」になるところは、経時的なところでなければなりません。すなわち、そこには時間が流れていなければなりません。さもなければ、未来の印象がどうなるかは、問えないからです。すると、存在論的な懐疑論者には、一矢だけ報いることができるのかもしれません。というのは、次の一回の自然が斉一的になるかどうかは、まさに時が経てば明らかになるからです。たしかに認識論的な懐疑論者の「自然の不斉一性」仮説は次の一回だけに向けられるわけではありません。なぜなら、それは観念の問題であるからです。しかし、存在論的な懐疑論者は印象のレベルで仮説を立てなければなりません。すると、それは次の一回の「自然の不斉一性」仮説になるのではないでしょうか。だが、だとすれば、まさに次の一回の印象がそれを打ち破るかもしれません。なぜなら、未来の印象は存在（ないし経験）可能であるからです。とはいえ、それは明らかになると同時に経験になります。だから、もちろんすぐに懐疑論者に逆襲されます。すなわち、懐疑論者はすぐにまた次の一回の「自然の不斉一性」仮説を唱えます。そして、また私たちは一矢だけ報いるかもしれませんが、また逆襲されるでしょう。なるほど、すると、けっして戦況が有利になったわけではありません。しかし、そもそも、他の認識論的な懐疑論では、たった一矢でさえ報いることができません。というのは、たとえば他人の意識や過去の世界には、どうしたってアクセスできないからです。けれども、次の一回の自然は、未来の印象ですから、アクセスできるわけです。だから、次の一回の自然が斉一的であるかどうかは、これから明らかになります。もちろん、懐疑論者が唱えるように、それは斉一的でないかもしれません。しかし、それがどうであろうと、何かが起こるとしたら、未来には本当に起こる。だから、未来向きの帰納（的な信念）にしか印象への的中は問われないのです。すると、未来の印象が「帰納の問題」になるのなら、それはそもそも存在論的な懐疑論にしかなれないのかもしれません。というのは、本当に印象になるということは、まさに観念を外れるということであるからです。

さて、世界それ自体に時間が流れているかどうかは、よくわかりません。もしかしたら世界は無時間的に実在するかもしれません。しかし、（私たちの精神でなく）世界それ自体が印象と観念から成るのなら、世界それ自体が経時的な存在になります。（もちろん、そんな世界をわざわざ持ち出さなくても、時間は実在するかもしれません。）すると、世界それ自体が帰納的に存在するので、世界それ自体が「帰納の問題」を抱えます。すなわち、世界それ自体の印象が未来には（なぜか）どうにでもなりうる。これが帰納を巡る形而上学的な問題です。まさに未来の印象が可能であることが「帰納の問題」になるわけです。

ところで、それ自体が帰納的な存在である世界は、もしかしたら、私たちがよく知っている世界なのではないでしょうか。というのは、――これまでは、二つの「帰納の問題」を峻別するために、未来の印象をしつこく世界それ自体の「帰納の問題」としてきましたが、――印象と観念しか私たち（の精神）に現れないのなら（T 1.2.6.7）、印象と観念が私たち（の世界）のすべてである、といえるからです。すると、もしかしたら、未来の印象は私たちに身近な「帰納の問題」なのかもしれません。というのも、未来の印象は、（世界に存在しうるだけでなく、）私たちに経験されうるからです。それゆえに、私たちは（過去よりも）未来を気にかけるのではないでしょうか。

たとえば、私たちは、世界が五分前に誕生したとしても、本当は何も困りません。なぜなら、たとえそうであったとしても、世界は今あるようにあるからです。しかし、世界が五分後に消滅するとしたら、本当に困らないでしょうか。なぜなら、もしそうであるのなら、世界は今から本当にそうなるからです。

だから、人類誕生前（の過去）と人類消滅後（の未来）も、もちろん経時的には互いに異なって見えます。なるほど、たしかに隔時的にはそれらは互いに等しい身分にあるのかもしれません。なぜなら、どちらの思弁的な実在にも、思考と実在の「時間的な隔たり」は同じようにあるからです。けれども、それらを同じように気にかけることが、はたして私たちにできるでしょうか。それらは、それぞれ過去と未来であるのだから、どちらも今ここの現実ではありません。すると、（人類誕生前を記憶する人はいないので、）それらはどちらも帰納的な信念の観念であるわけです。とはいえ、人類誕生前は（もう）印象になりません。過去は現在にならないからです。だから、人類誕生前については、一般化の観念だけが「帰納の問題」になります。しかし、人消滅後は（まだ）印象になります。なぜなら、未来は現在になるからです。すると、人類消滅後については、未来の印象もまた「帰納の問題」になるわけです。

すると、人類誕生前についても、やはり標準的な「帰納の問題」があるようにしか、私の目には映りません。すなわち、それは一般化の観念の問題です。もちろんそれはメイヤスー自身が論じる（祖先以前的な）隔時性の問題ではありません（cf. メイヤスー 2017, 37-42）。ですが、それは伝統的な認識論の問題です。また、人類消滅後については、私の「帰納の問題」が見いだせます。すなわち、それは未来の印象の問題です。しかし、これもまた彼の隔時性の問題ではありません。なぜなら、私の「帰納の問題」は経時的な世界それ自体にありうるからです。なるほど、ここで私が、世界それ自体の印象が未来には（なぜか）どうにでもなりうる、と言うとき、たしかに、彼の言うような、「あらゆるものを滅ぼすことも生じさせることもできる時間」（ibid. 107）が、私の念頭にはあるかもしれません。とはいえ、そのような時間とは一体いつなのでしょうか。それはやはり未来なのではないでしょうか。もちろん、そんな時間が人類誕生前に（祖先以前的に）実在したことさえ、（思考）可能ではあるでしょう。しかし、それは私がヒュームと共に論じたい「帰納の問題」ではありません。なぜなら、そんな過去は、存在しえたとしても、経験しえないからです。そうではなくて、私の「帰納の問題」になるのは、そんな未来が、存在しうるとしたら、経験されうることです。すなわち、未来の謎こそが私の「帰納の問題」であるのです。

帰納と未来

では、そもそも未来とは何なのでしょうか。それは、もちろん時間ですが、一体どんな時間なのでしょうか。もし未来が現在になるのなら、それは今どこかにあるのでしょうか。そして、どこかから世界にやって来るのでしょうか。それとも、それはどこにもないのでしょうか。でも、もしどこにもないのなら、私たちは何もないところへ向かっているのでしょうか。どうして、何も無いのに、有るようになるのでしょうか。

すでに見てきたように、未来とは、あらゆることがどうにでもなりうる時間です。未来に起こることは、（仮に今どこかにあるとしても、）まだ今は何一つ起こっていません。だから、もしかしたら、自然の歩みはこれから斉一的でなくなるかもしれません。たしかに、これまでは自然の歩みは斉一的であったかもしれません。あるいは、私たちが生まれる前に、仮にそれが斉一的であったとしても、それは論理的に（思考）可能であるにすぎません。なぜなら、過去はもう存在しないからです。そして、もう経験されないからです。だから、私たちはそんなことを心配しません。そうではなくて、私たちはむしろ経験にない自然の歩みにも斉一性を帰納するはずです。けれども、未来はいわば経験的に（存在）可能です。だから、未来に自然の歩みが斉一的でなくなるなら、それはそのときには本当にそうなるわけです。すると、もしかしたら、来年は八月に桜が咲くかもしれません。生きたトリケラトプスが見つかるかもしれません。それどころか、今週末には地球は自転するのを止めてしまうかもしれません。太陽は昇らなくなってしまうかもしれません。あるいは、もしかしたら、私自身が明日からスナメリになっているかもしれません。すると、聞いたことのない音が聞こえるかもしれません。あるいは、形が聞こえるかもしれません。いや、そうこうしているうちに、あと五分で世界は消滅してしまうかもしれません。

ともあれ、この世界がどうにかなるのなら、（どうなるのであれ、）なるのが可能な時間は未来でしかありません。無から有になろうと、有から無になろうと、なるのは未来です。未来にはきっとそんな不思議がなければなりません。さもなければ、どうして新しい存在（ないし経験）が可能なのでしょうか。とはいえ、未来は、（どうにかなるのですが、）どうにでもなりうるのでなければなりません。そんな（ハイパーカオスな）時間をメイヤスーは次のように述べています。

（…）そこに発見されるのはむしろ恐るべき力である——それは秘められた何かであり、あらゆる事物も世界も破壊できるものである。それは、非論理的な怪物も生み出せる。決して作動しないままでいることもできる。確かにあらゆる夢を生み出せるし、だがまた、あらゆる悪夢も生み出せる。狂乱する無秩序な変化を起こすこともできれば、隅々まで不変で不動の宇宙を生み出すこともできる。それは、最も激しい雷をはらんだ大雲のようであり、最も奇妙な晴れ間を見せもするし、不穏に平静なときもある。それはデカルトの神に匹敵する《全能性》であり、あらゆることを起こさせる、考えもつかないことまで含めて。しかしこれは、他の神的な完全性から独立した、いかなる規則もなく無差別なる《全能性》である。この《全能性》には善性も狡知もなく、判明な観念の真正さを思考に保証してくれることはない。それはまさしく大文字の《時間》のようなものであり、物理学によっては——また形而上学によっても——思考不可能な《時間》である。なぜならそれは、いかなる原因も理由もなしにあらゆる自然法則を破壊できる、どんな存在者でも破壊できる《時間》であるからだ。(ibid. 111)

さて、世界が（隔時的な実在でなく）経時的な存在であるのなら、そのような（ハイパーカオスな）時間は、未来でしかありえません。なぜなら、未来だけが経験的に（存在）可能であるからです。だから、そのような（ハイパーカオスな）過去は、論理的に（思考）可能であるにすぎません。たしかに、思弁的に実在する（祖先以前的な）過去は、私たちの記憶や想像に相関的ではないかもしれません。しかし、過去それ自体は、すなわち過去の印象は、経験的に（存在）不可能であるのです。

しかし、未来の印象は経験的に（存在）可能です。また、未来それ自体は、もちろん私たちの記憶や想像に相関的でありません。たしかに観念は印象に相関的です。なぜなら、記憶と想像はどちらも、「（…）その単純な観念を印象から借りていて、この元の知覚を超えることはけっしてできない」（T 1.3.5.3）からです。しかし、どのような未来の観念を帰納的に想像するのかと、どのような未来の印象が経験的に存在するのかは、もちろん互いに独立の問題です。だから、どんなに斉一的な未来の観念を信じようと、未来の印象はまったく斉一的でないかもしれません。

とはいえ、本当に未来はどうにでもなりうるのでしょうか。どのようなことであれ、観念を思考しうるなら、印象は存在しうるのでしょうか。でも、どうして、観念の思考が可能だと、印象の存在が可能なのでしょうか。また、思考できないことは、どうでしょうか。未来には、思考しえないことでさえ、存在しうるのでしょうか。

まず、観念が印象に相関的に生じるなら、互いに（類似）対応する印象と観念は、（単純であろうと複雑であろうと、）観念の思考が可能であるなら、印象の存在が可能である、といえるでしょう。そもそも（単純）印象の存在は（単純）観念の思考に先行します。ヒュームがそれを自らの「第一原理」とするように、（生得的な観念がありえないなら、）すべての単純な観念は（類似）対応する単純な印象から生じなければなりません。また、彼の「青の欠けた色合い」から読み取れるように、ある色の印象を経験していないために、その色の観念が思考しえないときでさえ、（それが「本当の観念」であるのなら、）その色の印象は存在しうるのでなければなりません。すなわち、観念の思考が可能であるためには、印象の存在が可能でなければなりません。すると、印象の（存在）可能性は、観念の（思考）可能性にとって、むろん経験論的な原因ではあるが、さらに超越論的な条件でもある、といえるでしょう。すなわち、観念の思考が可能であるなら、印象の存在はむしろ可能でなければならない。さもなければ、どうして「思考可能性の原理」は意味を成せるのでしょうか。

だから、もちろん観念は印象を超えられません。どんな観念を思考しうるかは、どんな印象が存在しうるかに、いわば限界付けられます。そもそも、印象（の存在）が可能であることしか、観念（の思考）は可能でありません。すなわち、この意味では、「そのような［印象と観念から成る］精神は、知覚不可能なことについては、閉ざされている」（McGinn 2002, 396）わけです。というのも、観念は印象に相関的であるからです。あるいは、観念の限界は印象の限界を「超えることはけっしてできない」からです。

ところが、印象の限界は観念の限界を超え出ます。なぜなら、印象は観念の超越論的な条件であるからです（cf. 中島 2002, 717）。すると、観念を思考しえないことでさえ、印象は存在しうることになる。なるほど、さもなければ、そもそも世界それ自体が始まりません。あるいは、経験（論）自体が成り立ちません。しかし、世界（と私たち）にはなぜか未来があります。すなわち、世界（と私たち）には、新たな存在（と経験）の可能性が、なぜか現に開かれている。これがまさに未来の謎です。しかし、どうしてそんなことになっているのでしょうか。どうして世界（と私たち）には未来なんて時間があるのでしょうか。いや、もちろん未来は（まだ）無いのですが、どうしてそれが有ることになるのでしょうか。一体どうして無が有になるのでしょうか。（あるいは、どうして有が無になるのでしょうか。）たしかに、そのためには印象の可能性の領域が観念のそれより広くなければなりません。しかし、観念の外にどんな印象が広がっているのか、私たちはもちろんわかりません。にもかかわらず、そんな印象でさえ未来には存在（ないし経験）しうるのでなければなりません。つまり、どのような印象でも未来には可能であるのでなければなりません。

とはいえ、印象の存在（ないし経験）が可能であるのは、なぜでしょうか。たしかに印象の存在（ないし経験）は観念の思考を限界付け可能にします。この意味では印象は観念の超越論的な条件であるわけです。しかし、そもそも、印象が可能であるのは、どうしてでしょうか。何が印象を（限界付け）可能にするのでしょうか。

もしかしたら、それは私たち人間の（自然）本性であるかもしれません。すなわち、（観念の超越論的な条件は印象であるが、）印象の超越論的な条件は人間の（自然）本性である、といえるかもしれません。すると、私たちはここでヒュームを超越論的な自然（本性）主義者と見ることになります（cf. McGinn 1993, 2-5）。もちろん、彼（の『人間本性論』）は、たとえば因果とか時間とかを、経験（論）から説明しようとします。しかし、そのような経験（論）を（限界付け）可能にするのは、私たち人間の（自然）本性であるのかもしれません。もちろん印象の「(…) 究極的な原因は人間の理性にはまったく解明されえない」でしょう。すなわち、私たちの（自然）本性とは別に、他の何らかの超越論的な条件がさらに要るかもしれません。しかし、そもそも、印象の現れる条件が私たちの（自然）本性に整っていなければ、どうして私たちに印象が現れうるでしょうか。

もちろん、自らの（自然）本性がどうであるのか、私たちにはわかりません。印象（と観念）の超越論的な条件が、人間の（自然）本性であるのなら、私たちの（自然）本性は、私たちの印象（と観念）を超えているからです。そのため、私たちは自らの（自然）本性を経験（論）で説明することはできません（が、それでも、そうしようとするなら、私たちは超越論的な仮象に陥るのかもしれません（cf. 中島 2002, 718））。

とはいえ、私たちの（自然）本性がまさに自然の本性であるのなら、「人間の知性に自然に基づく限界を推測することは、まったく理に適っている」（McGinn 1993, 5）のではないでしょうか。というのも、「生物学的な構造のために脆弱だったり無力だったりする認知的な領域を示すことは、私たちのような進化した有機体の一般的な特性である」（ibid.）からです。たとえば、私たちに、紫外線が見えないことや、超音波が聞こえないことは、明らかに私たちの生物学的な身体の構造に起因します。すなわち、紫外線が見える経験や、超音波が聞こえる経験は、私たち人間の（自然）本性上ありえません。たとえば、ミツバチに生じうる印象（の観念）は、私たちには（自然）本性上（経験はもちろん）思考さえできません。一体どうして、コウモリに生じる印象が、あるいは、スナメリに生じる観念が、私たち人間の（自然）本性に生じるでしょうか。

たしかに、コウモリに現れる超音波の印象（の観念）は、私たち人間が経験（し想像）する何かからは想像することさえできません（cf. Nagel 1996, 168）。しかし、そんな印象でさえ未来には可能になるかもしれません。というのは、未来とはどのようにでもなりうる時間であるからです。もちろん、今の私たちには、それがどのようになるのか、まったくわかりません。しかし、もしかしたら、世界ないし自然それ自体が、帰納的に存在し、それゆえに「帰納の問題」を抱えるかもしれません。すると、まさに私たちの（自然）本性そのものが未来にはどうにでもなりうるかもしれません。なぜなら、私たち人間の（自然）本性は「自然的な起源と機能と構造をもつ自然界のもの」（McGinn 1993, 5）であるからです。すなわち、私たちの（自然）本性がそもそも自然の賜物である。すると、私たちの（自然）本性それ自体に「帰納の問題」があるのかもしれません。すなわち、私たちの（自然）本性それ自体が斉一的でなくなるかもしれません。

ところで、私たちの（自然）本性を変える印象は、私たちが経験しうる印象ではないでしょう。なぜなら、そこで変えられるのは、超越論的な（自然）本性であるがゆえに、私たちの経験を越えているからです。また、そのときに、私たちの（自然）本性が、人間のそれから、たとえばスナメりのそれに変わるなら、そこにはもちろん人間が経験し（思考し）うる印象（と観念）はありえません。そのときには私たちはもはや（人間でなく）スナメリであるからです。すると、そこにはスナメリの経験（と思考）はあるかもしれませんが、それ（ら）がどのようであるのか、今の私たちにはもちろんわかりません。

けれども、それが誰の経験でなくても、それは世界に存在しうるでしょう。なぜなら、世界ないし自然それ自体が印象と観念から成るかもしれないからです。だから、どんな印象であれ、それが世界に存在するなら、それは本当に起こることになる。それは誰かに経験される必要はありません。すると、未来には私たちの（自然）本性は本当に変わってしまうかもしれません。なぜなら、未来にはどのような印象であれ存在しうるからです。

とはいえ、どうして、どのような印象であれ、未来には存在しうるのでしょうか。なるほど、たしかに未来の印象は、存在しうるとしても、まだ存在していません。すると、それは、まだ無いのだから、どのようにでもなりうるのかもしれません。でも、それがどのようになるのであれ、それが有るようになるのは、どうしてでしょうか。あるいは、（それが未来にのみ可能であるのなら、）それが有りうるのは、なぜでしょうか。

たしかに、印象の経験を（限界付け）可能にするのは、私たちの（自然）本性であるかもしれません。ですが、印象の存在を（限界付け）可能にするのは、何なのでしょうか。それはもちろん私たちの（自然）本性ではありません。なぜなら、世界それ自体に印象は存在しうるからです。では、何が印象の存在を可能にするのでしょうか。印象の存在の超越論的な条件は何でしょうか。もしかしたら、それが未来であるのかもしれません。というのは、印象が存在するのなら、それは今(どこかに)存在するからです。つまり、もし印象が今(どこかに)現に存在するのなら、それは未来として可能であったのでなければなりません。さもなければ、印象の存在は実現しえません。すると、未来が印象の超越論的な条件なのでしょうか。

とはいえ、今の印象を(限界付け)可能にしていたのは、もはや本当の未来ではありません。なぜなら、それは今はもう、可能であるのでなく、実現してしまっているからです。本当の未来は今はまだ実現していません。しかし、可能であるのでなければなりません。すなわち、未来は、無いのに、有りうるのでなければなりません。これは一体どういうことなのでしょうか。もしかしたら、そんな未来は超越論的な仮象にすぎないのでしょうか(cf. 中島 2014, 53)。未来の印象が(存在しないのに)存在しうるのは、私たちの勝手な思い込みなのでしょうか。

もちろん私たちは人間の(自然)本性上そのように信じるでしょう。つまり、(自然的な信念として、自然の歩みが斉一的である、と信じ込むように、)超越論的な仮象として、未来それ自体が存在する、と思い込みます。しかし、それが(自然的な信念ないし)超越論的な仮象であるのなら、(自然が斉一的でなくなるかもしれないように、)未来は存在しなくなるかもしれません。未来は無いのかもしれません。

ですが、そもそも、未来が無いということは、どういうことなのでしょうか。たしかに何も無いことさえ未来には可能であるでしょう。なぜなら、未来はどのようにでもなりうるのですから。けれども、未来には、あらゆる存在が無くなるとして、はたして時間も無くなるでしょうか。なるほど、たしかに、今から「何の前触れもなく私が消える（死ぬ）かもしれない」（ibid.）し、「何の前触れもなく次の瞬間に世界が消える」（ibid.）かもしれません。するると、未来には「何ごとも現に生生じない」（ibid. 44）かもしれません。しかし、それが私（たち）であれ世界であれ、それは、現在に無いから、「現に生じない」（ibid. 強調傍点引用者）のではないでしょうか。すると、もしここで「（…）「現に」とは（…）「現在」という意味でしかない」（永井 2017, 111）のなら、私（たち）が無くなることも、世界が無くなることも、そのまますなわち時間が無くなることではありません。なぜなら、私（たち）や世界が無になるには、無になる時間が、すなわち未来が、なければならないからです。

するると、未来は印象（の経験ないし存在）の超越論的な条件ではないかもしれません。というのも、私たち（の経験）も世界（の存在）も未来には無くなりうるからです。では、未来とは一体何なのでしょうか。なるほど、もし「何ごとも現に生じない」ときでさえ現在であるのなら、現在になる未来が可能であったのでなければなりません。すると、未来は現在の超越論的な条件なのでしょうか。

そうなのかもしれませんが、次の現在は、すなわち未来は、もちろん（まだ）存在しません。すると、そもそも、次の現在を、すなわち未来を、（限界付け）可能にするのは、一体何なのでしょうか。未来の超越論的な条件は何なのでしょうか。どうして未来は可能なのでしょうか。未来が有りうるのはなぜでしょうか。

　すると、もしかしたら、未来には（？）未来さえ無いこともありうるのかもしれません。とはいえ、未来が無であることは「帰納の問題」ではありません。なぜなら、もし未来が無であるのなら、（当否も無いので、）帰納（的な信念）は未来への的中を問われないからです。そうではなくて、「帰納の問題」になるのは、むしろ未来が有りうることです。なるほど、未来が有ることは、たしかに思い込みかもしれません。しかし、未来が有りうることは、けっして思い込みではありません。たとえば、この次の未来には、もう何も無いかもしれませんが、その次の未来には、また何か有りうるかもしれません。すると、帰納（的な信念）はまた未来への的中を問われるわけです。すなわち、未来が有りうるかぎり、「帰納の問題」は無くなりません。たしかに何も無い未来は有るかもしれません。というのは、未来はどのようにでもなりうるからです。しかし、そもそも、（有から）無に向かわなくては、帰納ではありません。なぜなら、（記憶と印象から）帰納されるのは、現前しない現実であるからです。すると、未来が無いことが、「帰納の問題」になるわけではありません。しかし、未来は（無から）有になりうるのです。すなわち、未来は有りえます。ですが、まさにこのことが「帰納の問題」になるのではないでしょうか。《とはいえ、そもそも未来はなぜ可能なのでしょうか？》

あとがき

この本は、二〇一七年に提出した課程博士論文「帰納を巡る一般化と未来の問題――ヒュームを手がかりとして」に基づくものですが、書籍化に際して大幅な加筆と修正を施しました。

この本を書くにあたっては、本当にたくさんの方々のお世話になりました。ここでは、すべてのお名前を挙げることはできませんが、特にお世話になった方々に感謝の意を表させていただきます。

まず、感謝の気持ちを伝えたいのは、博士論文の主査である永井均先生です。そもそも私は永井先生の下で哲学がしたく日本大学大学院に入りました。そこで博士論文まで書くことができたのは、ひとえに永井先生（と永井ゼミの皆さま）が私と一緒に何年も哲学してくれたからに他なりません。

博士論文の副査である丹治信春先生には、博士論文を提出するにあたって、博士論文を精読していただき、的確な指導をしていただきました。また、それ以前にも、日本大学哲学会などでいただいた丹治先生のコメントやアドバイスは、常に私の研究を支えてくださいました。

もう一人の副査である伊佐敷隆弘先生にも、博士論文を精読していただき、審査の労をとっていただきました。特に博士論文の公聴会では、「自然の斉一性」などの個別の問題についてだけでなく、『人間本性論』の解釈の問題についても、貴重な批判と助言をいただきました。

日本大学の大学院と人文科学研究所に在籍していたときにも、たくさんの先生方にお世話になりました。飯田隆先生は日本大学哲学会などで常に多くの質問と批判をしてくださいました。また、飯田先生は博士論文の公聴会では司会を務めてくださいました。古田智久先生には大学院入学時から大変お世話になりました。特に古田先生の授業で「青の欠けた色合い」について発表したときには、貴重な指導と助言をしていただきました。イギリス哲学会に入会するさいには、真船えり先生に推薦者になっていただきました。真船先生にはヒュームの面白さと大変さを教えていただきました。

また、二〇一九年には、中島義道先生の哲学塾において、博士論文に基づく特別講義をさせていただきました。そのときに中島先生から直接いただいた質問ないし批判は、私が未来の謎を考える上で常に刺激になっています。

さらに、永井先生の下では素晴らしい哲学仲間に出会えました。特に清水将吾さんと木本雄大さんと髙田裕香さんの助けがなければ、そもそも私は博士論文を書き上げられなかったでしょう。そして、今でも一緒に哲学してくれていることに、心からの感謝を申し上げます。

もちろん他にも素晴らしい仲間がたくさんいました。哲学はそんな仲間たちと皆で楽しくわいわいするものだ、と永井先生（と永井ゼミの皆さま）から学びました。私が子どもの頃から密かに抱えていた謎は、仲間たちが一緒に哲学してくれたから、こうして本にすることができました。しかし、さらに欲を言えば、この本を読んでくれた方々が、私と一緒に楽しく哲学してくれたら、これ以上の喜びはありません。

本書の刊行にあたっては、青土社書籍編集部の永井愛さんに大変お世話になりました。私にとって初めての著書である本書が、原稿を書き上げてから、わずか半年足らずで出版できたのは、永井さんの助言と配慮のおかげです。この場を借りて心より御礼を申し上げます。

成田正人

二〇二二年八月

参考文献

Ayer, A. J., 2004. *The Problem of Knowledge.* The Palgrave Macmillan Archive Edition of A. J. Ayer: Writings on Philosophy. Volume 3. Palgrave Macmillan. iii-258.〔『知識の哲学』神野慧一郎訳, 白水社, 1981 年.〕

Baxter, L. M., Donald 2008. *Hume's Difficulty: Time and Identity in the Treatise.* Routledge.

ビービー，ヘレン 2014.「ヒュームと帰納的懐疑主義」森岡智文訳,『国際哲学研究』第 3 号, 東洋大学国際哲学研究センター , 23-32 頁.

Becker, Lon., 2010. 'The Missing Shade of Blue as a Proof against Proof.' *British Journal for the History of Philosophy,* Volume 18, Issue 1. Routledge, 35-44.

バークリ, ジョージ 2004.『人知原理論』大槻春彦訳, 岩波文庫.

Broad, C. D., 1952. *Ethics and the History of Philosophy: Selected Essays.* Routledge & Kegan Paul LTD.

Carnap, Rudolf., 1945. 'On Inductive Logic.' *Philosophy of Science*, Volume 12, Number 2. The University Chicago Press, 72-97.〔「帰納論理について」『カルナップ哲学論集』内井惣七・内田種臣・竹尾治一郎・永井成男訳，紀伊国屋書店，1977 年.〕

Chalmers, David J., 1996. *The Conscious Mind: In Search of a Fundamental Theory.* Oxford University Press.〔『意識する心――脳と精神の根本原理を求めて』林一訳, 白揚社, 2001.〕

千葉雅也 2017.「訳者試論」カンタン・メイヤスー『有限性の後で――偶然性の必然性についての試論』千葉雅也・大橋完太郎・星野太訳，人文書院, 215-233 頁.

Coventry, Angela., 2007. *David Hume: A Guide for the Perplexed.* Continuum.

————, 2008. *Hume's Theory of Causation: A Quasi-realist Interpretation.* Continuum.

Dauer, Francis W., 1999. 'Force and Vivacity in the *Treatise* and the *Enquiry.*' *Hume Studies.* Volume 21, Numbers 1 and 2, 83-99.

デカルト, ルネ 2006.『省察・情念論』井上庄七・森啓・野田又夫訳, 中央クラシックス.

Flew, Anthony., 1986. *David Hume: Philosopher of Moral Science.* Basil Blackwell.

Fogelin, Robert., 2003. *Walking the Tightrope of Reason: The Precarious Life of a Rational Animal.* Oxford University Press.〔『理性はどうしたって綱渡りです』野矢茂樹・塩谷賢・村上祐子訳, 春秋社, 2005 年.〕

古田徹也 2019.『不道徳的倫理学講義――人生にとって運とは何か』ちくま新書.

Garrett, Don., 2002. *Cognition and Commitment in Hume's Philosophy.* Oxford University

Press.
———, 2008. 'Hume's Theory of Ideas.' *A Companion to Hume*. eds. Elizabeth S. Radcliffe. Blackwell Publishing Ltd, 41-57.

Gendler, Tamar Szabó and Hawthorne, John., 2002. 'Introduction: Conceivability and Possibility.' *Conceivability and Possibility*. eds. Tamar Szabó Gendler and John Hawthorne. Oxford University Press, 1-70.

Goodman, Nelson., 1983. *Fact, Fiction, and Forecast*. Harvard University Press.〔『事実・虚構・予言』雨宮民雄訳, 勁草書房, 2009 年.〕

Hacking, Ian., 2007. *The Emergence of Probability: A Philosophical Study of Early Ideas about Probability, Induction, and Statistical Inference*. Second Edition. Cambridge University Press.〔『確率の出現』広田すみれ・森元良太訳, 慶應義塾大学出版会, 2013 年.〕

林誓雄 2015.『襤褸を纏った徳——ヒューム 社交と時間の倫理学』京都大学学術出版会.

Hume, David., 1998. 'My Own Life.' *Dialogues and Natural History of Religion*. eds. J. C. A. Gaskin. Oxford University Press, 3-10.〔「自叙伝」『奇跡論・迷信論・自殺論——ヒューム宗教論集III』福鎌忠恕・斎藤茂雄訳, 法政大学出版局, 2011 年, 140-152 頁.〕

———, 1998. 'Of the Standard of Taste.' *Selected Essays*. eds. Stephen Copley and Andrew Edgar. Oxford University Press, 133-154.〔「趣味の基準について」『ヒューム 道徳・政治・文学論集』田中敏弘訳, 名古屋大学出版会, 2011 年, 192-208 頁.〕

———, 2007. 'An Abstract of a Book Lately Published: Entitled, a Treatise of Human Nature, &c. Wherein the Chief Argument of that Book is farther Illustrated and Explained.' *A Treatise of Human Nature*, Volume 1. eds. David Fate Norton and Mary J. Norton. Oxford University Press, 403-417.〔「人間本性論摘要」『人間知性研究 付・人間本性論摘要』斎藤繁雄・一ノ瀬正樹訳, 法政大学出版局, 2009 年, 201-226 頁.〕

———, 2007. *A Treatise of Human Nature*, Volume 1. eds. David Fate Norton and Mary J. Norton. Clarendon Press.〔『人性論』(一) –(四) 巻, 大槻春彦訳, 岩波文庫, 2006 年.『人間本性論 第一巻 知性について』木曾好能訳, 法政大学出版局, 2011 年.『人間本性論 第二巻 情念について』石川徹・中釜浩一・伊勢俊彦訳, 法政大学出版局, 2011 年.『人間本性論 第三巻 道徳について』伊勢俊彦・石川徹・中釜浩一訳, 法政大学出版局, 2012 年.〕

———, 2009. *An Enquiry concerning Human Understanding*. eds. Tom L. Beauchamp. Oxford University Press.〔「人間知性研究」『人間知性研究 付・人間本性論摘要』斎藤繁雄・一ノ瀬正樹訳, 法政大学出版局, 2009 年.〕

一ノ瀬正樹 2001.「訳者試論（解説に代えて）「グルー」と規則性の問題」R・M・セインズブリー『パラドックスの哲学』一ノ瀬正樹訳, 勁草書房, 317-368 頁.

————, 2006.『原因と理由の迷宮——「なぜならば」の哲学』勁草書房.

————, 2009.「〈解説〉ヒューム因果論の源泉——他者への絶え間なき反転」デイヴィッド・ヒューム『人間知性研究 付・人間本性論摘要』斎藤繁雄・一ノ瀬正樹訳, 法政大学出版局, 227-278 頁.

————, 2011.「自由・偶然・必然——ヒューム因果論が遭遇する暗黒」『ヒューム読本』中才敏郎編, 法政大学出版局, 61-85 頁.

————, 2012.「原因と結果と自由と」ヒューム『人性論』土岐邦夫・小西嘉四郎訳, 中央公論社, 1-24 頁.

飯田隆 2016.『規則と意味のパラドックス』ちくま学芸文庫.

稲垣良典 2008.『講義・経験主義と経験』知泉書館.

伊佐敷隆弘 2009.「ヒューム『人間本性論』第 1 巻における印象と観念の区別について」『人文科学』第 20 号, 宮崎大学教育文化部紀要, 21-39 頁.

————, 2011.「自然の斉一性について」『人文科学』第 24 号, 宮崎大学教育文化部紀要, 1-24 頁.

石川徹 1984.「因果性と帰納法—ヒューム哲学における—」『哲学論叢』第 11 号，京都大学哲学論叢刊行会，21-32 頁.

————, 2011.「ヒュームの情念論」『ヒューム読本』中才敏郎編, 法政大学出版局, 179-206 頁.

石川徹・中釜浩一・伊勢俊彦 2011.「訳注」デイヴィッド・ヒューム『人間本性論 第二巻 情念について』石川徹・中釜浩一・伊勢俊彦訳, 法政大学出版局, 205-221 頁.

伊藤邦武 2001.「ヒュームの確率論」『哲学論叢』第 28 号, 京都大学哲学論叢刊行会, 58-68 頁.

泉谷周三郎 2014.『ヒューム』清水書院.

神野慧一郎 2014.『ヒューム研究』ミネルヴァ書房.

カント, イマヌエル 1977.『プロレゴメナ』篠田英雄訳, 岩波書店.

————, 2001.『純粋理性批判（中）』篠田英雄訳, 岩波書店.

Kemp Smith, Norman., 1995. 'The Naturalism of Hume (I).' *David Hume: Critical Assessments*. Volume III. eds. Stanley Tweyman. Routledge, 207-228.

————, 2005. *The Philosophy of David Hume: A Critical Study of Its Origins and Central Doctrines*. Palgrave Macmillan.

Kendrick, Nancy., 2009. 'Why Hume's Counterexample is Insignificant and Why It is Not.' *British Journal for the History of Philosophy*, Volume 17, Issue 5. Routledge, 955-979.

木曾好能 2011.「ヒューム『人間本性論』の理論哲学」デイヴィッド・ヒューム『人間本性論 第一巻 知性について』木曾好能訳, 法政大学出版局, 367-628 頁.

Kripke, Saul A., 1982. *Wittgenstein on Rules and Private Language*. Harvard University Press.〔『ウィトゲンシュタインのパラドックス——規則・私的言語・他人の心』黒崎宏訳, 産業図書, 2001 年.〕

久米暁 2000.「ヒュームの懐疑論と彼によるその解消」『哲学論叢』第 27 号, 京都大学哲学論叢刊行会, 1-13 頁.

————, 2005.『ヒュームの懐疑論』岩波書店.

マンフォード, スティーブン＋アンユム , ラニ・リル 2017.『哲学がわかる 因果性』塩野直之・谷川卓訳, 岩波書店.

McGinn, Colin., 1993. *Problems in Philosophy: The Limits of Inquiry*. Blackwell Publishers.

————, 2002. 'Can We Slove the Mind-Body Problem?' *Philosophy of Mind: Classical and Contemporary Readings*. eds. David J. Cha;mers. Oxford University Press, 394-405.

McTaggart, John McTaggart Ellis., 1927. *The Nature of Existence*. Volume II. eds. C. D. Broad. Cambridge: Cambridge University Press.

メイヤスー, カンタン 2017.『有限性の後で——偶然性の必然性についての試論』千葉雅也・大橋完太郎・星野太訳, 人文書院.

Mill, John Stuart., 1973-1974. *A System of Logic, Ratiocinative and Inductive. Collected Works of John Stuart Mill.* Volume VII-VIII. eds. J. M. Robson et al. Toronto: University of Toronto Press.〔『論理学体系』大関将一・小林篤郎訳, 春秋社, 1949-1959 年.〕

永井均 2004.『私・今・そして神——開闢の哲学』講談社現代新書.

————, 2014.『哲おじさんと学くん——世の中では隠されているいちばん大切なことについて』日本経済新聞出版社.

————, 2017.「第二部：注釈と論評」ジョン・エリス・マクタガート『時間の非実在性』永井均訳, 講談社学術文庫.

Nagle, Thomas., 1991. *Mortal Questions*. Canto edition. Cambridge University Press.〔『コウモリであるとはどのようなことか』永井均訳, 勁草書房, 1989 年.〕

中島義道 1997.『哲学の教科書——思索のダンディズムを磨く』講談社.

————, 2002.「超越論的」『事典・哲学の木』永井均・中島義道・小林康夫・河本英夫・大澤真幸・山本ひろ子・中島隆博編, 講談社, 717-719 頁.

————, 2014.「超越論的仮象としての未来」『哲学』第 65 号, 日本哲学会, 43-54 頁.

中才敏郎 2016.『ヒュームの人と思想——宗教と哲学の間で』和泉書院.

中才敏郎編 2011.『ヒューム読本』法政大学出版局.

中才敏郎・坂本達哉・一ノ瀬正樹・犬塚元 2011.「〈座談会〉デイヴィッド・

ヒュームの思想」『思想』第 1052 号, 岩波書店, 9-45 頁.
成田正人 2014.「知覚の活気とは何か？——ヒュームにおける現実の感じあるいは印象」『精神科学』第 52 号, 日本大学哲学研究室, 223-242 頁.
———, 2015.「ヒュームの「第一原理」と「青の欠けた色合い」」『イギリス哲学研究』第 38 号, 日本イギリス哲学会, 27-41 頁.
———, 2017.「帰納を巡る一般化と未来の問題——ヒュームを手がかりとして」日本大学博士学位論文.
大森荘蔵 2015.『物と心』ちくま学芸文庫.
ポパー, カール・R 1980.『推測と反駁』藤本隆志・石垣壽郎・森博訳, 法政大学出版局.
Psillos, Stathis., 2012. 'Regularity Theories.' *The Oxford Handbook of Causation.* Oxford University Press, 131-157.
パトナム, ヒラリー 1994.『理性・真理・歴史——内的実在論の展開』野本和幸・中川大・三上勝生・金子洋之訳, 法政大学出版局.
Quine, Willard Van Orman., 1969. 'Epistemology Naturalized.' *Ontological Relativity and Other Essays.* Columbia University Press, 69-90.〔「自然化された認識論」伊藤春樹訳『現代思想』1988 年 7 月号, 48-63 頁.〕
———, 2001. *From a Logical Point of View.* Harvard University Press.〔『論理的観点から』飯田隆訳, 勁草書房, 2007 年.〕
Reichenbach, Hans., 1957. *The Rise of Scientific Philosophy.* University of California Press.〔『科学哲学の形成』市井三郎訳, みすず書房, 1954 年.〕
Reid, Thomas., 2012. *An Inquiry into the Human Mind on the Principles of Common Sense.* Cambridge University Press.〔『心の哲学』朝広謙次郎訳, 知泉書房, 2004 年.〕
Richman, Kenneth A., 2007. "Debating the New Hume." *The New Hume Debate: Revised Edition.* eds. Rupert Read and Kenneth A. Richman. Routledge, 1-15.
Russell, Bertrand., 1990. *The Problems of Philosophy.* Hackett Publishing Company.〔『哲学入門』髙村夏輝訳, ちくま学芸文庫, 2005 年.〕
———, 2005. *The Analysis of Mind.* Dover Publications, Inc.〔『心の分析』竹尾治一郎訳, 勁草書房, 1993 年.〕
Russell, Paul., 2008. *The Riddle of Hume's Treatise: Skepticism, Naturalism, and Irreligion.* Oxford University Press.
Salmon, Wesley C., 1953. 'The Uniformity of Nature.' *Philosophy and Phenomenological Research.* Volume 14, Issue 1, 39-48.
澤田和範 2021.『ヒュームの自然主義と懐疑主義——統合的解釈の試み』勁草書房.
Seppalainen, Tom and Coventry, Angela., 2012. 'Hume's Empiricist Inner Epistemology: A Reassessment of the Copy Principle.' *The Continuum Companion to Hume.* eds. Alan

Bailey and Dan O'Brien. Continuum International Publishing Group, 38-56.

セクストス・エンペイリコス 2013.『ピュロン主義哲学の概要』金山弥平・金山万里子訳, 京都大学学術出版会.

Strawson, Galen., 2003. *The Secret Connexion: Causation, Realism, and David Hume.* Clarendon Press.

————, 2007. 'David Hume: objects and power.' *The New Hume Debate.* Revised Edition. eds. Rupert Read and Kenneth A. Richman. Routledge, 31-51.

Strawson, P. F., 2004. *Skepticism and Naturalism: Some Varieties.* Methuen & Co. Ltd.

Stroud, Barry., 2005. *Hume.* Routledge & Kegan Paul plc.

ストラウド, バリー 2006.『君はいま夢を見ていないとどうして言えるのか——哲学的懐疑論の意義』永井均監訳, 岩沢宏和・壁谷彰慶・清水将吾・土屋陽介訳, 春秋社.

豊川祥隆 2017.『ヒューム哲学の方法論——印象と人間本性をめぐる問題系』ナカニシヤ出版.

杖下隆英 2004.『ヒューム』勁草書房.

Waxman, Wayne., 2003. *Hume's Theory of Consciousness.* Cambridge University Press.

————, 2008. "Hume and the Origin of Our Ideas of Space and Time. *A Companion to Hume.* eds. Elizabeth S. Radcliffe. Blackwell Publishing Ltd, 72-88.

Williams, Bernard., 1999. *Moral Luck: Philosophical Papers 1973-1980.* Cambridge University Press.〔バーナード・ウィリアムズ『道徳的な運——哲学論集一九七三〜一九八〇』伊勢田哲治監訳, 江口聡・鶴田尚美訳, 勁草書房, 2019 年.〕

Will, F. L., 1995. 'Will the Future be Like the Past?' *David Hume: Critical Assessments.* Volume II. eds. Stanley Tweyman. Routledge, 3-17.

Wright, John P., 1983. *The Sceptical Realism of David Hume.* Manchester University Press.

————, 2009. *Hume's 'A Treatise of Human Nature': An Introduction.* Cambridge University Press.

矢嶋直規 2012.『ヒュームの一般的観点——人間に固有の自然と道徳』勁草書房.

山田圭一 2020.『ウィトゲンシュタイン最後の思考——確実性と偶然性の邂逅』勁草書房.

萬屋博喜 2018.『ヒューム——因果と自然』勁草書房.

Zimmerman, Michael J., 1987. "Luck and Moral Responsibility." *Ethics.* Vol. 97, No. 2, 374-386.

成田正人（なりた・まさと）
1977年千葉県生まれ。ピュージェットサウンド大学卒業（Bachelor of Arts Honors in Philosophy）。日本大学大学院文学研究科哲学専攻博士後期課程修了。博士（文学）。専門は帰納の問題と未来の時間論。日本大学人文科学研究所研究員を経て、現在、東邦大学と日本大学で非常勤講師を務める。論文に、「帰納を巡る一般化と未来の問題――ヒュームを手がかりとして」（日本大学博士学位論文、2017年）、「ヒュームの「第一原理」と「青の欠けた色合い」」（『イギリス哲学研究』第38号、2015年）がある。

なぜこれまでから
これからがわかるのか
――デイヴィッド・ヒュームと哲学する

2022年9月20日　第1刷印刷
2022年9月28日　第1刷発行

著　者　成田正人
発行者　清水一人
発行所　青土社
101-0051　東京都千代田区神田神保町1-29　市瀬ビル
電話　03-3291-9831（編集部）　03-3294-7829（営業部）
振替　00190-7-192955

装　幀　山田和寛（nipponia）
印刷・製本　双文社印刷
組　版　フレックスアート

ISBN978-4-7917-7498-2 Printed in Japan